# 西沙黄河大桥维修加固技术经济分析

谢黔江　李英　王琴／著

中国矿业大学出版社
·徐州·

## 内容提要

本书以兰州市西沙黄河大桥加固为工程背景，论证了桥梁上下部结构维修加固方案，进行了桥墩基础验算，对引道工程、附属工程、照明系统、交通工程设施、桥头广场、施工组织、交通组织及管线等进行了设计。

本书适合公路管理部门、相关工程技术人员阅读。

**图书在版编目(CIP)数据**

西沙黄河大桥维修加固技术经济分析 / 谢黔江，李英，王琴著. — 徐州 ：中国矿业大学出版社，2025. 6.

ISBN 978-7-5646-6851-8

Ⅰ. U448.21

中国国家版本馆 CIP 数据核字第 2025J3A693 号

**书　　名**　西沙黄河大桥维修加固技术经济分析
**著　　者**　谢黔江　李　英　王　琴
**责任编辑**　何晓明　田午子
**出版发行**　中国矿业大学出版社有限责任公司
（江苏省徐州市解放南路　邮编 221008）
**营销热线**　(0516)83885370　83884103
**出版服务**　(0516)83995789　83884920
**网　　址**　http://www.cumtp.com　**E-mail**:cumtpvip@cumtp.com
**印　　刷**　苏州市古得堡数码印刷有限公司
**开　　本**　787 mm×1092 mm　1/16　**印张** 6.5　**字数** 127 千字
**版次印次**　2025 年 6 月第 1 版　2025 年 6 月第 1 次印刷
**定　　价**　29.00 元

# 前　言

桥梁建成投入使用后，反复承受车辆的磨损、冲击，遭受暴雨、洪水、风沙等自然力的侵蚀等，必然导致桥梁使用功能和行车服务质量日趋退化，产生病害、出现缺陷，从而影响到相应地区的经济发展和社区的生活品质。随着时间的流逝，旧桥的加固维修任务非常繁重，而且经济投入巨大。已有文献对旧桥加固进行经济评价关注较少。

经济分析模型中平均年费用是重要的评价指标，本书采用了成本年值的动态分析方法，综合考虑桥梁在其寿命期内的有关费用，建立了平均年费用的定量分析模式，并且对各方案的平均年费用进行比较、分析，选择平均年费用最小的方案作为决策方案。同时考虑到经济模型中使用的各种参数带有不确定性，因此提出了敏感性分析方法。

本书以兰州市西沙黄河大桥加固工程为例，论证了桥梁上下部结构维修加固方案，进行了桥墩基础验算，对引道工程、附属工程、照明系统、交通工程设施、桥头广场、施工组织、交通组织及管线等进行了设计。确定了对该桥进行加固的推荐方案、比选方案的工程量及投资估算。根据建设项目经济评价方法，通过项目经济费用、运营期费用的计算与调整以及经济效益的分析，对该项目进行了国民经济评价，评价结果表明该项目在经济上是可行的。

本书对在役桥梁加固的经济问题做了积极的探索，为在役桥梁合理选择经济有效的加固方案提供了分析工具。最终目的是为公路管理部门对某一在役桥梁进行改造时提供决策依据，并且选择费用-效果最佳的方案，可以使决策者选择投资有效的分配方案，以最大限度地利用资源，优化利用可用资金，确保资源得到合理地使用，并取得满意的经济效果。

在此，感谢我的导师王根会教授，在整个研究过程中，导师以其深厚的学术造诣和敏锐的学术洞察力为我指引方向。感谢我的同事们，他们在资料收集、数据分析等工作中提供了诸多帮助。感谢湖南高速铁路职业技术学院，为我提供了良好的研究平台和丰富的学术资源。这些保障了我研究工作的顺利开展，让我能够充分利用各种条件进行深入的探索和研究。此外，我还要感谢参与调研、访谈等工作的所有人员，他们的积极配合与无私奉献为我提供了大量真实可靠的一手资料，为本书的实证研究奠定了坚实基础。

由于水平所限，书中不妥之处在所难免，恳请广大读者批评指正。

**谢黔江**

2025 年 1 月

# 目　　录

# 第1章 绪　　论

## 1.1　研究背景与意义

桥梁建成投入使用后，反复承受车辆的磨损、冲击，遭受暴雨、洪水、风沙等自然力的侵蚀等，必然导致桥梁使用功能和行车服务质量日趋退化，产生病害、出现缺陷，从而影响到相应地区的经济发展和社区的生活品质。据统计，在西方发达国家，占建筑工业总投资 40%以上的份额被用于既有结构的维护与加固，而将不足 60%的份额用于新结构的建设[1-2]，这一现象已引起了世界各国科技工作者和政府部门的高度重视。

美国国家标准局(NBS)1975 年的调查表明，美国全年各种因腐蚀而造成的损失约为 700 亿美元，其中混凝土中钢筋腐蚀损失占 40%。1987 年，美国国家材料顾问团的一份报告指出，在美国约有253 000座桥梁的面板使用时间超过了 20 年，性能逐步劣化，并以每年35 000座的速度递增。1989 年，美国运输部门给国会的一份关于美国公路与桥梁状况的报告中指出，美国当年积压着有待修补的混凝土桥梁的维修费是1 550亿美元。截至 1981 年，美国全国共有公路桥梁约566 000座，这些桥梁中有 40%以上(超过200 000座)都有不同程度的损坏；有98 000座桥梁结构强度降低，应停止使用或只能限载通行；有102 000座桥梁车行道太窄，桥下净空不够或承载力不足[3]。桥梁的陈旧老化、弃养失修导致塌桥事故不断发生，给美国经济发展和人民生活带来了极其不良的影响。在英国，英格兰岛的中环线快车道上有 11 座高架桥(全长 21 km),总建造费是2 800万英镑(1972 年)。由于冬天撒盐除冰,两年后就发现钢筋腐蚀导致混凝土胀裂。到 1989 年,修补费就已达4 500万英镑,当时估计之后的 15 年间的维修还要耗费 12 亿英镑。英国环保部门的一份报告估计,英国建筑工业的年成交额为 500 亿英镑,而因腐蚀破坏,钢筋混凝土结构年维修费已达 55 亿英镑(占 11%),由此也成为英国一个沉重的财政负担。

2003 年,广东省中山市桥梁普查结果显示,全市共有桥梁2 911座,其中处于较差状态的三类桥和处于坏的以及危险的四类桥为 781 座,占总数的近三成,平均每不到 4 座桥梁中就有 1 座危桥。这些危桥遍布全市 24 个镇区。完成全市 700 多座危桥的改造任务,资金总投入约6.19亿元,市、镇、村三级财政平均每年需投入建设资金高达2.06亿元。原交通部公路科学研究所在西部交通建设科技项目"公路旧桥检测评定与加固技术的研究"的可行性研究报告中指出,在我国通车公路中,现有各式各样的桥梁共240 630座(9 655 112延米)。其中,特大桥1 139座(1 081 823延米),占0.5%(11.2%),大桥12 741座(2 134 783延米),占5.3%(22.1%),中桥50 521座(2 559 353延米),占 21.00%(26.5%),小桥 176 229 座(2 879 153 延米),占 73.2%(29.8%),中、小跨径桥梁占94.2%(56.3%),它们中间的61.6%主要分布在技术标准低、通行能力差的县乡公路上,这些桥梁的荷载标准大多为汽-13 级、拖-60 级或汽-15 级、拖-80 级,还有相当一部分桥梁的荷载标准仅为汽-10 级、履带-50 级,甚至低于汽-10 级。截至 2000 年年底,全国查出危桥5 176座,达186 632延米[4]。近年来,我国公路交通事业有了长足的发展。现代高速公路及各种等级的汽车专用公路的建成,标志着我国公路建设事业迈入了一个新的历史时期。在大规模高等级公路建设的同时,大量旧有公路的改造工作也摆在了我们面前。桥梁是确保公路畅通的咽喉,桥断路则不通。根据公路普查资料,我国公路桥梁大部分是中华人民共和国成立以后兴建的,现有桥梁中危桥约占3.54%,而国道干线上的危桥约占2.4%。20 世纪 50 年代后期及 60 年代建造的一些桥梁大都发生荷载等级不足,甚至干线公路桥梁重车无法通过的情况。目前,在国道干线桥梁中,设计荷载等级在汽-10 级以下者占5.4%[5]。加之有些桥梁的桥龄较长、质量不高,有的桥面净宽不足,有的发生老化、破损、裂缝等情况,有的则由于其他工程施工影响而引起破坏。随着交通量的增加和汽车载重的增加，这些桥梁承载能力明显降低，有些甚至已经濒临结构功能失效，不能确保公路交通正常运行，严重影响了行车的安全，阻碍了经济的发展。

截至 2024 年，全国公路桥梁总数达 73.53 万座，其中危桥数量占桥梁总数的 15%，大约有 10 万座。在这些危桥中，桥梁服役超过 20 年的大约占 40%，被划定为技术等级三、四类的带病桥梁占 30%。

本书着重从经济学原理出发，以系统分析和定量分析为手段，综合运用工程技术、计算机技术，考虑技术、经济、社会和政治等方面因素，建立了在役桥梁改造的技术经济分析模型，以期实现对在役桥梁改造的优化设计。最终目的是为公路管理部门对在役桥梁进行改造时提供决策依据，并且选择费用-效果最佳的方案，可以使决策者选择投资有效的分配方案，以最大限度地利用资源，优化利用可用资金，确保资源得到合理地使用，并取得满意的经济效果。从经济意义上进行综合考虑，即确定一个最佳的桥梁改造水平，以使在考虑到桥梁结构的使用性能、维护费用和经济效果等因素下投资效益最佳。

## 1.2　桥梁加固的经济问题研究概况

公路建设项目经济评价目前普遍以 1988 年 6 月原交通部颁发的《水运、公路建设项目可行性研究报告编制办法》和 1993 年原国家计委和建设部发布的《建设项目经济评价办法》为依据。但是对旧桥进行经济评价却鲜见论及。

文献[5]对旧桥加固的成本和效益进行了研究，文献[6]对在役桥梁的寿命和改造的经济分析问题进行了研究。

对于旧桥加固来说，从目前阶段而言，与新建项目相比较，缺乏一套比较严谨的经济评价和项目决策方法，但是一套比较先进、科学、完整的评估方法对项目实施过程及实施后的经济效果评价方面将有非常重大的意义。

一个建设项目的建设期大致分四个阶段[7-8]：① 项目的策划和决策阶段；② 项目实施前的准备阶段；③ 项目实施阶段；④ 项目建成和总结阶段。

项目策划和决策阶段要决定项目的规模、方案、技术、进度等，任何一项决策的失误，都有可能导致后期很大的资金损失。应该说，项目的策划和决策阶段是投资项目的首要环节和重要方面，对投资项目能否取得预期的经济、社会效益起着关键的作用。但是旧桥加固项目在决策上给人的第一印象是加固方案的技术选择，而不是加固经济合理性上的评判，从这一点上来讲，其策划和决策方法是不系统和不科学的。

我国在计划经济时代的建设是很少算经济账的，但是经过40多年的改革开放，工程经济思想已经有了很大的充实和进步，工程造价的控制深入人心。对于基本建设领域的“改建”项目，前期的可行性研究不重视和不深入的现象依然存在。就交通基本建设而言，面对越来越庞大的加固资金，如果前期对工程经济性不给予足够重视，策划和决策不够科学和严谨，那么可能会导致资金投入的巨大浪费。

对工程进行经济分析源于西方，根据分析内容其历史可分为三个阶段：财务分析、经济分析和社会分析。财务分析是用工程经济学的方法，比较项目的收入和支出，来判断项目的优劣。但是财务分析方法不能正确评价公用事业项目对整个社会的经济效益。经济分析也称费用效益分析，是从宏观角度来评价项目，使得有限的资源达到最有效的配置。牛津大学著名福利经济学家李特尔和英国经济学家米尔利斯联合编写的《工业项目分析手册》以及世界银行专家林恩·斯奈尔和赫尔曼·范德塔克出版的《经济项目分析》对经济分析方法的应用起到了重要的推动作用。社会分析是把增长目标和公平目标结合在一起作为选择项目的标准，即以国民福利最大为目标。但由于社会分析方法所需要的数据太多，给试验和推广应用都带来了很大的困难。

总之，世界上一些国家对建设项目经济评价技术的研究起步较早，进入20世纪70年代以来，又有了突破性进展，评价技术的应用也越来越广泛，对于政府投资项目和一些公用工程都进行经济分析。

工程经济分析在我国真正得到发展和广泛应用是进入20世纪80年代以后，其基本上以效益费用分析为基本理论。1993年，原国家计委和建设部组织编写了《建设项目经济评价方法与参数》一书，为我国进行工程经济分析提出了规范化的方法和参数。随后，交通部发布了《公路建设项目经济评价办法》，为我国公路项目的工程经济分析提供了指导性文件和依据。随着我国经济建设的飞速发展，工程经济分析不仅得到了完善，而且广泛应用于各行各业的工程建设中，并取得了非常可喜的经济效益。

总结起来我国工程经济分析具有如下几方面的共同特点：

(1) 动态分析与静态分析相结合，以动态分析为主

静态分析方法是对投入-产出资金的时间因素不予考虑，其评价指标很难反映未来时期的变化情况。动态分析采用折现考虑时间因素，进行动态的价值判断，即将项目建设和生产不同时间段上资金的流入-流出折算成同一时点的价值，变成可加性函数，从而为不同方案的比较提供了同等的基础。

(2) 定量分析与定性分析相结合，以定量分析为主

经济评价的根本要求，是对项目建设和生产过程中的经济活动通过费用效益进行计算，提出明确的数量概念，从而进行价值判断，凡可量化的经济要素都应做出量述。

(3) 全过程效益分析与阶段效益分析相结合，以全过程效益分析为主

经济分析的最终要求是要看项目的整个计算期，包括建设阶段和运营阶段全过程经济效益的大小，把项目分析评价的着眼点和归宿点放在全过程的经济效益分析上。

(4) 宏观效益分析与微观效益分析相结合，以宏观效益分析为主

对项目进行经济分析，不仅要看项目本身获利多少、有无财务生存能力，还要考察项目的建设和经营需要国民经济付出多大代价以及对国家的贡献。

(5) 预测分析与统计分析相结合，以预测分析为主

进行工程经济分析，既要以现有状况水平为基础，又要做有根据的预测，对某些不确定性因素和风险性做出估计。

## 1.3　兰州市西沙黄河大桥现状

兰州市西沙黄河大桥始建于 1971 年，建设期 3 年，全桥由 13 跨简支

梁组成。该桥上部结构为装配式钢筋混凝土简支 T 梁，共有 10 跨(跨径 22.16 m，桥梁两端各 5 跨)，中间 3 跨(跨径 32.60 m)为钢桁梁。桥梁全长 319.40 m(＝5×22.16 m＋3×32.60 m＋5×22.16 m)。桥面总宽为 10.0 m(＝1.5 m＋7.0 m＋1.5 m)，设双向纵坡和双向横坡，坡度分别为0.5％和 1.5％。本桥钢筋混凝土简支 T 梁原设计荷载为汽-18 级，验算荷载为拖 80 级；钢桁梁采用原山西大同铁路分局提供的鱼腹式上承式钢梁(旧梁，属于旧桥再利用)。由于该桥在建造时未设抗震技术措施，所以 1983 年又对该桥按 8 度地震烈度进行了抗震加固。

每跨由 7 片预制 T 梁装配而成的钢筋混凝土简支 T 梁构成了西沙黄河大桥上部结构，共有 70 片预制 T 梁，T 梁共重约 154 t。每片预制 T 梁布设竖向两排 12 Φ 32 的 25MnSi 钢筋作为主要受力纵筋，布设了每排 5 根钢筋在受拉区，布设了每排 1 根钢筋在受压区，主梁采用标号 300 号的混凝土，梁高 127 cm，梁肋厚 18 cm，顶板宽 139 cm，顶板外侧厚 8 cm，与梁肋相接处厚度为 12 cm。通过走访当时现场施工技术人员得知：钢筋混凝土 T 梁在施工过程中，工艺过程要求严格，混凝土捣固密实，钢筋焊接是由经过专门培训的焊接工人完成的；钢筋进场后经过了严格的表面除锈和力学性能试验。当时由于材料紧缺，主跨的 3 跨钢桁梁原本打算利用上游旧便桥的旧梁，后更改设计采用鱼腹式铁路钢桁架梁(旧梁，由原山西大同铁路分局提供)，并论证通过。每跨由两片钢桁架组成，两片钢桁架之间用钢材横向连接。每片鱼腹式钢桁梁长 32.305 m、高 3.54 m，两竖杆中心距为 2.14 m，重约 60 t。

西沙黄河大桥下部结构采用大开槽明挖基础桥台，块石砌筑台身，共计 2 个；沉井基础桥墩，共计 12 个。沉井部分每节长度为 5 m，除 5# ～8# 墩沉井基础为 2 节半外(半节长度为 3.0 m，总长 13.0 m)，其余各墩沉井基础均为两节，总长 10.0 m，基础嵌入弱风化泥岩 4.0～5.0 m。沉井基础在施工时，为便于沉井基础封底，其基底高程要比设计高程低 50 cm 左右。沉井基础上节壁厚为 0.8 m，底节壁厚为 1.0 m，中间采用片石混凝土填充。

由于西沙黄河大桥设计标准较低，且当时国家建筑材料极为匮乏，作为主跨的钢桁梁采用旧梁再利用，同时该桥又属于战备桥梁，紧张的工期也无法保证施工的精细和完善，所以该桥在建造时就留下了较大的安全隐患。

在投入使用后，由于超载运营的情况屡见不鲜，桥梁承受了远超其设计负荷的压力。随着时间的推移，日渐老化的桥梁结构和破损现象越发严重，承载能力下降，安全隐患日益凸显。

由《兰州市西沙黄河大桥测试及检定报告》可以看出，该桥病害严重，主要表现在以下几个方面：

(1) 上部结构

钢筋混凝土简支 T 梁梁体部分已经出现较多的结构性裂缝，甚至梁顶翼缘板部分出现的裂缝是由梁体跨中截面裂缝延伸过来的，梁体最大裂缝长 110 cm、最大宽度为 0.3 mm，已超过规范规定的容许宽度。梁体的横向连接较差，横隔板外侧砂浆已脱落，横隔板锈蚀严重。中间 3 跨钢桁梁锈蚀异常严重，斑斑锈迹出现在整个梁体，锈迹已穿过大部分承力构件的防锈底漆，穿入钢构件内部，梁体的连接板和铆钉的锈蚀也异常严重，对桥梁安全构成严重威胁。车辆通过桥梁时，桥上震感明显。根据测试与检定结果：西沙黄河大桥钢筋混凝土 T 梁与钢桁梁的静力刚度和动力刚度皆不足；钢筋混凝土主梁梁体和横隔板出现较多结构性裂缝，属病害结构；钢桁梁各个结构以及连接板锈蚀非常严重，整体竖向刚度低，结构整体性差，承载能力下降，安全储备不足，属危险结构。

(2) 下部结构

桥梁基础冲刷严重，最大冲刷深度为 6.45 m(2# 墩基础)，1# 墩、4# 墩和 5# 墩基础冲刷均在 4.2 m 以上。由于主河道改道，又未采取防冲刷措施，所以处于现主河道的 2# ～5# 墩沉井基础在其迎水面部分的混凝土已被冲刷剥落，造成钢筋部分裸露；部分墩底和沉井部分相接处有冲刷沟出现，墩底混凝土剥落严重。

桥墩墩身表面风化剥落严重。墩身上有横向和竖向裂缝出现，裂缝宽度为 0.5～3.0 mm，长度为 0.8～2.9 m，尤其是墩身节段施工缝处裂缝较为严重，一般裂缝宽度在 3.0 mm 以上。

(3) 附属构筑物

桥面铺装层已基本破坏，局部已完全破坏。桥面平整度较差，增大了车辆对桥梁的冲击破坏作用，同时由于桥面泄水孔已被垃圾堵死，桥面积水严重，加剧了桥面的破坏速度。伸缩缝已完全破坏，伸缩缝处暂用沥青混凝土覆盖，勉强维持交通。人行道面板已经严重破坏，大桥北端5跨钢筋混凝土简支T梁上游侧的人行道板已全部坠落，其余人行道板破坏也相当严重。人行道栏杆建造时在伸缩缝处没有断开，导致栏杆处混凝土立柱在温度应力和梁端变形作用下出现了严重的断裂，栏杆立柱混凝土部分已存在严重老化，部分栏杆立柱受到车辆撞击发生折断。桥梁支座也发生了不同程度的锈蚀。

桥梁两端在设计和施工时没有考虑桥头搭板，桥头引道受到超载车辆荷载的长期冲击，遭到了非常严重的破坏，出现了病害，比如路面壅包和凹凸不平等。桥头两端广场栏杆混凝土严重老化，有的甚至断裂，广场铺面凹凸不平。

近年来，随着国家开发大西北战略的实施，兰州市经济建设取得了长足的进步，城市基础设施建设也得到了很大的发展。随着南滨河路西延工程的竣工及城市交通量的增加，西沙黄河大桥目前的状况已经极大地限制了该地区道路的畅通，制约着兰州市经济的可持续发展。目前通过西沙黄河大桥的大部分车辆均绕道下游的银滩黄河大桥，桥上仅能通行小型车、农用三轮车和行人，严重影响着兰州的对外交通秩序以及兰州市西固区北出口的城市形象，给周围居民的生活带来了极大的不便。因此，对西沙黄河大桥的维修加固已成为兰州市的重点建设工程之一。

## 1.4 研究内容

在桥梁加固经济问题研究的理论背景下，考虑兰州市西沙黄河大桥的现状，本书主要包括以下研究内容：

① 阐述工程经济学基本原理、资金的时间价值、利息的概念、复利计算的基本参数和公式，以及投资方案经济比较的可比条件等，为建立经济分析模型提供理论依据。

② 采用成本年值的动态经济分析方法，针对在役桥梁经济分析的特点，确立在役桥梁经济分析的理论；提出了桥梁重建、加固补强的基本准则；分析桥梁在整个寿命周期中的费用，从而建立平均年费用的计算方法(即经济

分析模型)。同时,分析经济模型中经济参数发生变化时对平均年费用产生的影响及敏感程度。

③ 以兰州市西沙黄河大桥加固为例,研究桥梁结构维修加固方案,进行桥墩基础验算,对引道工程、附属工程、照明系统、交通工程设施、桥头广场、施工组织、交通组织及管线等进行设计。

④ 根据相关定额、文件,确定维修加固的推荐方案及比选方案的工程量,计算投资估算。

⑤ 根据建设项目经济评价方法,通过项目经济费用、运营期费用的计算与调整以及经济效益的分析,进行国民经济评价。

# 第2章　工程经济基础理论

## 2.1　概述

### 2.1.1　资金的时间价值

资金的时间价值，是指同劳动相结合的资金在时间推移中的增值能力，它是社会劳动创造价值的能力的一种表现形式[9-10]。其实质是资金作为生产要素，在扩大再生产及资金流通过程中，随时间变化而产生的增值。

一般的货币不会随时间过程的延长而增值，但是资金可以。因为这种物化为劳动及其相应的生产资料的货币，已转化为生产要素，经过生产和流通过程，归流的货币比原来支付的货币量更大，这种增值是时间效应的产物，即资金的时间价值。

利润和利息是资金时间价值的重要表现形式，它们都是社会资金增值的一部分，是国家管理经济的重要杠杆。利润由生产和经营部门产生，利息是由贷款产生利润的一种再分配，都是资金在时间推移中的增值。对于利息和利润的获得者来说，利润和利息都是一种收入，都是投资得到的报酬，利息是贷款者的报酬，而利润则是生产经营者的报酬。在经济分析中用以度量资金时间价值的“折现率”，是指贷款人或企业经营者对其投资得到的利息率或利润率，也是指企业使用贷款人的资金或自有资金来支付人力、物力耗费，用以经营企业所获得的收益率。

社会折现率是衡量资金时间价值的重要参数,代表社会资金被占用应获得的最低收益率。折现率反映了对未来货币价值所做的衡量。如果采用一个高的折现率,那么将来的货币价值就被大打折扣;如果选用一个低的折现率,那么将来的货币价值就折扣打得就小一些。若折现率为 10%,则第 7 年的 100 元就相应于现在的 51 元;当折现率为 5%时,就相当于现在的 71 元了。社会折现率可作为经济内部收益率的判别标准,综合进行我国国民经济运行的实际情况分析、资金供求状况分析、投资收益水平分析、资金机会成本分析和国家宏观调控因素分析。

资金时间价值概念的建立和应用,不仅可以促进节约资金,而且可以促进更好地利用资金。活劳动的节约、物化劳动消耗和占用的节约,体现在作为劳动和物化劳动的货币表现的资金节约上,它不仅要求缩减一切不必要的开支,而且要求最大限度地有效利用资金。进行项目投资,是为了获取利益,未来的收益应大于现在的投资。但凡技术方案实施,都存在时间上的延续,资金时间价值的这一特性导致不同时间点上产生的现金流量无法进行比较,因此,需要通过将不同时间的现金流量换算在同一时点上才可以对比,以达到符合客观实际。

### 2.1.2　利息

借贷过程中产生的利息,是借款人支付给贷款人超过原借贷款金额的那部分。利息有多种形式,如存款利息、贷款利息等,它们来自信贷。在利息基础上又形成了股息、债券利息等各种形态,它们来自间接投资。与利息相对应的另一种形态——利润则来自直接投资,它是把货币资金投入生产经营而获得的增值,是在生产和经营过程中产生的,也就是资金使用者合理使用资金所得的报酬。

利息与利润的主要区别在于:① 来源不同,利息来源于借贷关系,利润来源于生产经营;② 风险不同,利息的风险较小,而利润的风险较高,它取决于资金使用者经营管理的好坏。但是,从资金的时间价值来看,利息和利润是一致的。

(1) 利息率

利息率(或利润率)是单位时间内的利息或利润与借贷款金额的百分

比，它是计算利息（或利润）的尺度。一年的利息额与本金之比为年利率，半年或一月的利息额与本金之比为半年或月利率。其公式为：

$$\text{利息率(利润率)}=\frac{\text{利息额(利润额)}}{\text{本金(投资)}}\times 100\%$$

（2）利息的形式

利息计算有单利息与复利息两种。

① 单利：在计算利息时，仅以本金为基数计算利息，而不计入在先前利息周期中所积累的利息。其公式为：

$$S=P\cdot i\cdot n$$

式中 $S$——单利利息；

$P$——本金；

$i$——单利利率；

$n$——利息周期数。

计算本利和时通过下式计算：

$$F=P+S=P(1+i\cdot n)$$

式中 $F$——本利和。

$P$——本金；

$S$——单利利息；

$i$——单利利率；

$n$——利息周期数。

② 复利：在计算利息时，某一利息周期的利息是由本金加上先前计算周期所累积利息总额之和。它与单利计算的区别在于经由累积的利息计算，即“利滚利”，不仅本金产生利息，而且先前周期中的利息在后一周期中也产生利息。它比单利可以更准确地反映资金的时间价值。

复利计算有间断复利和连续复利之分。若复利以月利率、季利率、年利率等周期利率计息之所得，则为间断复利；若以瞬时计息之所得，则称为连续复利。

由于利息是资金的时间价值的体现，而时间是连续不断的，所以利息也可不断地发生。从这个意义上来说，复利计算方法比单利计算更能反映资金的时间价值。

(3) 名义利率与实际利率

不论实际的计算周期多长，习惯上银行的利率是以年利率来标明的，叫名义利率。而实际利率又叫有效年利率，即当一年内计息多次时，反映实际利息额高低的年利率。

在复利计算中，一般每年计息一次，但实际工作中有时会出现按半年一次、每季一次计息。复利计息的频率不同，其结果亦异，如本金为 1 000 元，年利率为 12%，每年计算一次利息，则一年后本利和为：

$$F=1\ 000\times(1+12\%)=1\ 120\ (\text{元})$$

若把计息周期更改为每季一次，季利率 3%，计息周期数为 4，累积程序计算，一年后本利和为：

$$F=1\ 000\times\left(1+\frac{12\%}{4}\right)^4=1\ 125.5\ (\text{元})$$

因此，利率的时间单位与计息周期不一致时，名义利率等于周期利率与年周期数的乘积，实际利率等于名义利率加上利息的时间价值。即名义利率按单利计算，而实际利率则按复利计算。

设名义利率为 $r$，一年中计息周期数为 $m$ 次，则每期的利率为 $r/m$。

$$F=P(1+i)=P(1+r/m)^m$$

式中　$F$——年初借款 $P$ 在一年内计息 $m$ 次之后的本利和。

其中利息为：

$$F-P=P(1+r/m)^m-P$$

根据利率定义可知，它等于利息与本金之比，当名义利率为 $r$ 时，实际利息率可由下式求得：

$$i=\frac{F-P}{P}=\frac{P(1+r/m)^m-P}{P}=(1+r/m)^m-1$$

当用连续复利时，即每时每刻均计息，则 $m\to\infty$，此时有：

$$i=\lim_{m\to\infty}\left[\left(1+\frac{r}{m}\right)^m-1\right]=\lim_{m\to\infty}\left[\left(1+\frac{r}{m}\right)^{m/r}\right]^r-1$$

### 2.1.3　现金流量图

一项工程活动(投资活动)，在一定时期内必然要发生现金的支出与现金的收入。一个投资系统在考察的整个周期内各时点上实际发生的资金流出与资金流入谓之现金流量[10]。现金流量的特点是只计算现金收支而不计非现金收支(如折旧费等),并且要如实地记录现金收支实际发生的时间。

现金流量图(图 2-1)把经济系统的现金流量绘入时间坐标图中,表示出各现金流入、流出与相应时间的对应关系。现金支出可以认为是一项工程的"投入"。现金收入就是该工程的"产出",也就是投资所产生的收益。一项完整的投资活动,可以视为一个独立的系统加以分析。应该说明,这里所说的"投入"与"产出",一般只是对某一投资系统而言,与系统外部无关。

现金流量图中具有等间隔的水平线表示时间的历程,收入的现金一般在水平线上方,冠以正号;而支出的现金在水平线下方,冠以负号。当然根据需要也可以采用相反的正负号。

为了计算上的方便和统一,一般假定现金的支付都集中在每期的期末。这是工程经济分析中的基本假定之一——期末假定。每期的期末并不一定都是每年的年末,比如投资的时间发生在 2020 年 5 月 1 日,则期末也定在以后各年的 5 月 1 日。

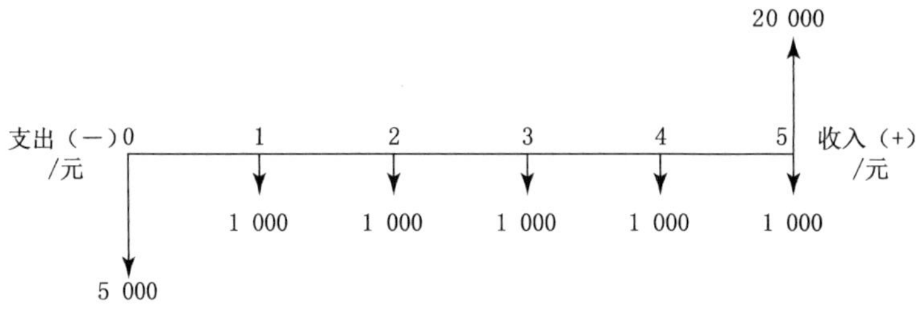


图 2-1　某项目现金流量图

图 2-1 所示的投资活动,说明该系统在第 0 年一次投资 5 000 元,以后每年再投入 1 000 元,5 年后共得收益 2 万元。值得注意的是,在 $n=5$ 的时点上,同时有投入 1 000 元又有产出 2 万元,现金收支分画在横线的两边,可以避免发生混淆。

### 2.1.4　现值、折现、等值

(1) 现值与折现

① 现值与时值:货币在某个时刻上的数量称为货币的时值。若这里的"某个时刻"指的是对某个工程项目进行分析与评价的起点时刻,即现金流

量图上的零点时，则此时货币的时值就叫货币的现值。因此，现值的关键在于分析与评价的时刻，而这个时刻通常是在工程项目建设的开端。

② 折现与折现率：折现就是把货币的未来值折现到零期，折现又叫贴现。贴现原来是银行的放款业务之一。票据持有者为了取得现金，以未到期的票据(包括期票或汇票)向银行融通资金，申请贴现。银行则按一定利率，扣取自贴现日至到期日的利息，然后将票面余额以现金的形式支付给持票人。期票到期时，银行持票向最初发票的债务人兑取现款，这一过程叫作贴现。这一办法被广泛用于经济分析中，以处理发生于不同时刻上的现金换算。

折现时所用的利率就被称作折现率或贴现率。

(2) 等值

资金有时间价值，即使金额相同，但发生时间不同，价值就不一样；反之，不同时点绝对不等的资金在时间价值的作用下可能具有相等的价值。这些不同时期、不同数额但价值等效的资金称为等值。项目不同方案所产生的现金流量是不同的。不但要做出各方案的现金流量图或现金流量表，而且要计算出各方案在某一指定时刻的可比等值，才可对它们做出比较、决策。当进行现金流量计算时，两笔不同时刻不同支付形式的资金，首先应等值变换到同一时刻同一支付形式，然后才能相加减。

两笔资金是否等值，除了要看各自的货币票面额以外，还取决于资金所处的时刻和利率两个因素。一笔资金可以按一定利率在不同时刻做等值变换。若两笔资金等值，则用利息公式变换到任何时刻、任何支付形式也都还是等值的。

## 2.2 复利分析

利率的计算方式虽然有单利和复利两种，但复利更全面、更准确地反映了资金的时间价值。因此，在经济分析中一律按复利计算和分析投资方案的各项经济指标。复利分析就是对存款与贷款这种最简单的投资活动进行分析，直接分析这种简单投资中资金的时间价值，并在此基础上建立工程经济分析的基本思路。

### 2.2.1 复利分析的基本参数

① $i$——利率或收益率(%):在经济分析中如不做其他说明,一般指年利率而言。其意义是在一年内投资所得的利息与原来投资额(本金)之比。

利率与收益率是有差别的。利率是一个固定值,比如银行在某一时间内就规定有一个固定利率;而收益率是一个变量,反映投资收益的指标。

② $n$——期数(年):在利息计算中,它是指计算利息的次数;在经济分析中,它一般代表工程项目的寿命。

③ $P$——现值(元):在利息计算中,它一般代表本金;在经济分析中,它一般代表现金流量图中位于零点的一笔投资,或者整个投资系统折算到零点的价值。

④ $F$——未来值(元):在利息计算中,它一般指本金经过 $n$ 期计息以后具有的终值,终值也叫本利和,即本金与利息之和;在经济分析中,它一般是指相对于现值的任何以后的价值。

⑤ $A$——等额年金或年值(元):即在 $n$ 次等额的支付中,每次支出或收入的金额。

在经济分析中,上述五个基本参数 $i$、$n$、$P$、$F$、$A$ 中,将有四个参数一定要出现,因此四个参数中三个参数必须为已知,目的是求第四个未知的参数。

还要说明的是,在五个参数中利率是核心,在进行经济分析时,经常是从利率出发进行比较并做出决策。在市场经济条件下,利率几乎是指导一切投资活动的指南针。例如,银行利率定为6%,而某一新兴产业的利润率估计也是6%,则很多人会把这项投资储存于银行来坐收利息,而不肯冒风险去经营一种并无把握的投资活动。

### 2.2.2 复利分析的基本公式

(1) 一次支付公式

在一次支付的情况下,$i$、$n$、$P$ 及 $F$ 四个参数一定要出现,其中 $i$ 及 $n$ 一般为已知;$P$ 及 $F$ 中有一个为已知,另一个为未知。一次支付的现金流量图如图 2-2 所示。

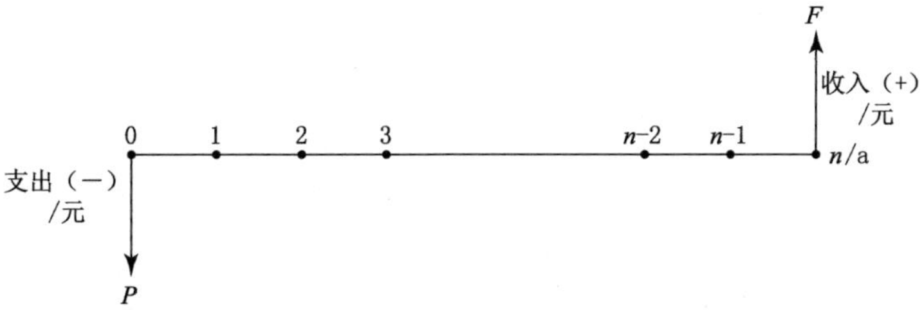


图 2-2　某项目一次支付的现金流量图

① 复利终值公式：复利终值公式就是在已知 $P$、$i$、$n$ 的情况下，求终值 $F$，即求本利和。假设有 $P$ 元本金（或投资），在年利率 $i$ 的条件下，经过 $n$ 年以后，得到的本利和（即终值）$F$ 为：

$$F = P(1 + i)^n \tag{2-1}$$

式(2-1)中的 $(1+i)^n$ 称为复利终值因子，它乘以本金即为 $n$ 年后的终值。

实际上，常用一种规格化的代号来代表各种计算因子，这种规格化代号的一般式为 $(X/Y, i, n)$。括号中的第一个字母 $X$ 代表所求之未知数，第二个字母 $Y$ 为已知数，$i$ 为年利率，$n$ 为计息的期数。故复利终值因子 $(1+i)^n$ 代号应为 $(F/P, i, n)$，即已知 $P$、$i$ 及 $n$，求终值 $F$。因此，式(2-1)可改写为如下形式：

$$F = P(F/P, i, n) \tag{2-2}$$

② 复利现值公式：如欲以 $i$ 的利率，经 $n$ 年后累积得 $F$ 元，现在（第 0 年）的投资 $P$ 的计算公式很容易由复利终值公式导出，即：

$$P = F \cdot \frac{1}{(1 + i)^n} \tag{2-3}$$

式(2-3)中的 $r\ \frac{1}{(1+i)^n}$ 称为复利现值因子，也称为贴现系数（或折现系数），其中 $i$ 称为贴现率或折现率。其代号为 $(P/F, i, n)$，式(2-3)可改写为：

$$P = F(P/F, i, n) \tag{2-4}$$

为了简化计算工作，可预先算出各种因子的数值，编成利息表，计算时可以查表计算。

(2) 等额多次支付公式

等额多次付款的情况下，$i$、$n$、$A$ 三个参数一定要出现，再加上 $P$ 或 $F$，一共四个参数。因参数中有 $A$，故称等额多次支付。

① 年金终值公式：若在每年末投资 $A$ 元，年利率为 $i$，则在第 $n$ 年末累积的终值 $F$ 显然等于各年投资之本利和(图 2-3)。第一年的投资 $A$ 可得 $n-1$ 年的利息，其本利和为 $A(1+i)^{n-1}$；第二年末的投资 $A$ 可得 $n-2$ 年的利息，其本利和应为 $A(1+i)^{n-2}$，其余类推。直到第 $n$ 年末的投资可得利息，本利和仍为 $A$，因此，各年投资之本利和的总和为：

$$F = A[(1+i)^{n-1} + A\ (1+i)^{n-2} + \cdots + 1] \tag{a}$$

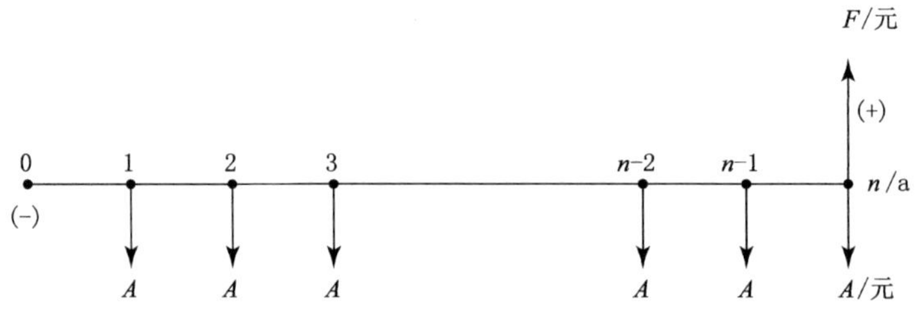


图 2-3　等额多次支付的现金流量图

将式(a)左右两边同乘以$(1+i)$，则有：

$$F(1+i) = A[(1+i)^n + (1+i)^{n-1} + (1+i)^{n-2} + \cdots + 1] \tag{b}$$

由式(b)减去式(a)得：

$$F \cdot i = A[(1+i)^n - 1]$$

则每年末等量地投资 $A$ 元，年利率为 $i$，经过 $n$ 年后所积累的本利和为：

$$F = A\left[\frac{(1+i)^n - 1}{i}\right] \quad (i \neq 0) \tag{2-5}$$

式(2-5)中的$\dfrac{(1+i)^n-1}{i}$叫作年金终值因子。它与已知的等额年金 $A$ 相乘的结果就是年金数列的终值 $F$(本利和)。需要说明的是，终值 $F$ 和最后一项年金是在同一年末发生的。

年金终值因子的代号设定成$(F/A,i,n)$，即已知 $A$、$i$ 及 $n$，计算终值

$F$。因此，式(2-5)可写为：

$$F = A(F/A, i, n) \tag{2-6}$$

② 偿债基金公式：若欲在第 $n$ 年末累积起 $F$ 元，在利率为 $i$ 的条件下，每年末需存的年金 $A$ 的计算公式可根据年金终值公式导出，即：

$$A = F\left[\frac{i}{(1+i)^n - 1}\right] \tag{2-7}$$

式(2-7)中的 $\frac{i}{(1+i)^n-1}$ 叫作偿债基金因子，它是年金终值因子的倒数。其代号为$(A/F, i, n)$，故式(2-7)可改写为：

$$F = A(A/F, i, n) \tag{2-8}$$

③ 资金回收公式：若以年利率 $i$ 投资 $P$ 元，在 $n$ 年内每年末等量地提取 $A$ 元，到第 $n$ 年将投资连本带利全部计提完(图 2-4)，则 $A$ 的计算公式可根据偿债基金公式导出计算。偿债基金公式如下：

$$A = F\left[\frac{i}{(1+i)^n - 1}\right]$$

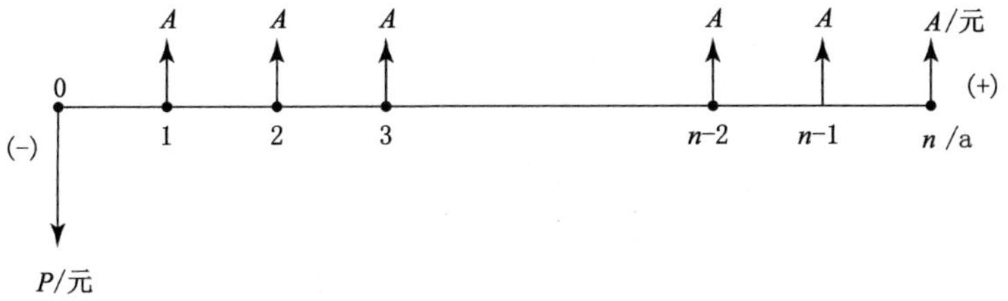


图 2-4　等额回收的现金流量图

式中，$F$ 为 $n$ 年末的一次付款。利用式(2-1)可将未来值转换为现值 $P$。

$$A = P(1+i)^n \cdot \left[\frac{i}{(1+i)^n - 1}\right]$$

则：

$$A = P\left[\frac{i(1+i)^n}{(1+i)^n - 1}\right] \tag{2-9}$$

式(2-9)中的 $\frac{i(1+i)^n}{(1+i)^n-1}$ 叫作资金回收因子。

资金回收因子设定代号为$(A/P, i, n)$，则式(2-9)可以改写成：

$$A = P(A/P, i, n) \tag{2-10}$$

④ 年金现值公式：把利率设成 $i$ 时，为在 $n$ 年内每年末收回 $A$ 元，现在投资 $P$ 的计算公式可由资金回收公式导出：

$$P = A\left[\frac{(1+i)^n - 1}{i(1+i)^n}\right] \tag{2-11}$$

式(2-11)中的 $\frac{(1+i)^n-1}{i(1+i)^n}$ 称为年金现值因子，它是资金回收因子的倒数。它的代号是 $(P/A, i, n)$，因此式(2-11)可写为：

$$P = A(P/A, i, n) \tag{2-12}$$

(3) 等差数列复利公式

等差数列是每年现金流量的增加或减少额都相等，令此增加额或减少额为 $G$、等额支付的现金流量为 $A_0$，则称为等差数列现金流量。对于这种等差变化的变额年金，可以利用其变化规律建立起一套公式进行计算。

① 等差数列复利终值公式：等差数列的现金流量图如图 2-5 所示。将其做等值变换有：

$$F = \sum_{k=1}^{n}[A_0 + (k-1)G](1+i)^{n-k}$$

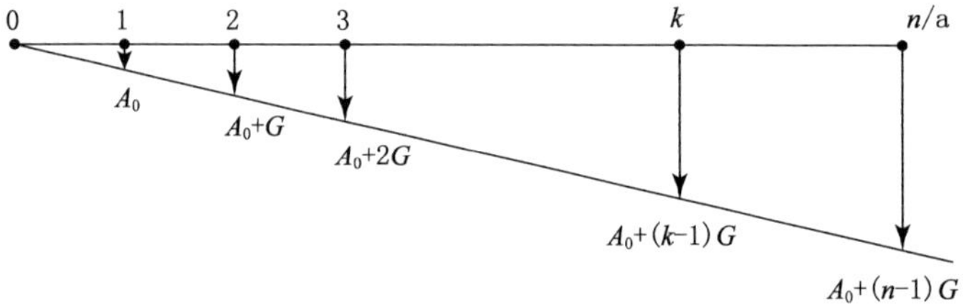


图 2-5　等差数列支付的现金流量图

即：

$$F = A_0\sum_{k=1}^{n}(1+i)^{n-k} + G\sum_{k=1}^{n}(K-1)(1+i)^{n-k}$$

图 2-6 对应于 $A_0\sum_{k=1}^{n}(1+i)^{n-k}$；图 2-7 对应于 $G\sum_{k=1}^{n}(k-1)\times(1+i)^{n-k}$。

令

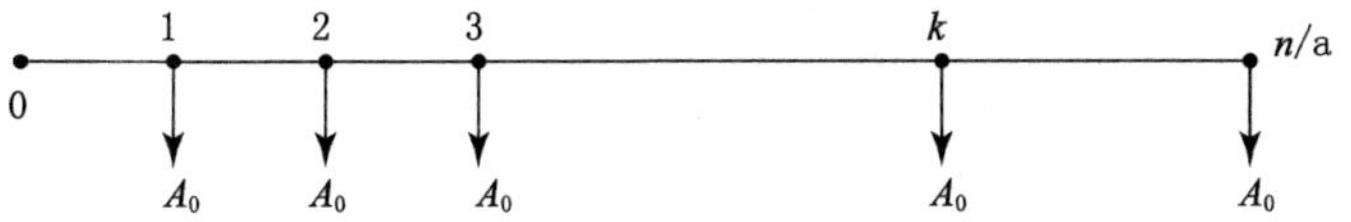


图 2-6　等额支付的现金流量图

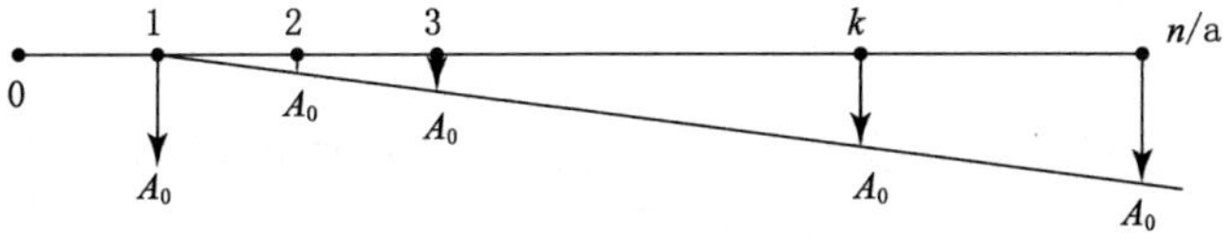


图 2-7　变额支付的现金流量图

$$F_{A_0}=A_0\sum_{k=1}^{n}(1+i)^{n-k}=A_0(F/A,i,n)=A_0\frac{(1+i)^n-1}{i}$$

$$F_G=G\sum_{k=1}^{n}(k-1)(1+i)^{n-k}$$

$$=G[(1+i)^{n-2}+2(1+i)^{n-3}+\cdots+(n-2)(1+i)+(n-1)] \quad (a)$$

(a)×(1+i)得：

$$F_G(1+i)=G[(1+i)^{n-1}+2(1+i)^{n-2}+\cdots+(n-2)(1+i)^2+(n-1)(1+i)] \quad (b)$$

(b)−(a)得：

$$F_G\cdot i=G[(1+i)^{n-1}+(1+i)^{n-2}+\cdots+(1+i)^2+(1+i)-(n-1)] \quad (c)$$

(c)×(1+i)得：

$$F_G(1+i)i=G[(1+i)^n+(1+i)^{n-1}+\cdots+(1+i)^3+(1+i)^2+(1+i)+n(1+i)] \quad (d)$$

(d)−(c)得：

$$F_G\cdot i^2=G[(1+i)^n+n(1+i)+(n-1)]$$

$$=G[(1+i)^n-1]=n\cdot i\cdot G$$

故：

$$F_G=\frac{G}{i}\left[\frac{(1+i)^n-1}{i}\right]-\frac{nG}{i} \quad (2\text{-}13)$$

或

$$F_G = G\left[\frac{(1+i)^n - 1}{i^2} - \frac{n}{i}\right] \tag{2-14}$$

故：

$$\begin{aligned} F &= F_{A_0} + F_G = A_0(F/A, i, n) + G(F/G, i, n) \\ &= A_0\left[\frac{(1+i)^n - 1}{i}\right] + G\left[\frac{(1+i)^n - 1}{i^2} - \frac{n}{i}\right] \end{aligned} \tag{2-15}$$

式(2-15)中的$\left[\frac{(1+i)^n-1}{i} - \frac{n}{i}\right]$叫作等差终值因子，它与公差 $G$ 相乘就能计算出终值 $F_G$。

因此，等差变化的终值由两部分复合而得，同样，其现金流量图也可进行相应的分解与复合。

② 等差数列现值公式：由 $P = \frac{F}{(1+i)^n} = F(P/F, i, n)$有：

$$\begin{aligned} P &= \frac{F_{A_0}}{(1+i)^n} + \frac{F_G}{(1+i)^n} = P_{A_0} + P_G \\ &= A_0(P/A, i, n) + G(P/G, i, n) \\ &= A_0\left[\frac{(1+i)^n - 1}{i\,(i+1)^n}\right] + G \cdot \frac{1}{i}\left[\frac{(1+i)^n - 1}{i\,(1+i)^n} - \frac{n}{(1+i)^n}\right] \end{aligned} \tag{2-16}$$

式(2-16)中的$\frac{1}{i}\left[\frac{(1+i)^n-1}{i\,(1+i)^n} - \frac{n}{(1+i)^n}\right]$称为等差现值因子，用它乘以 $G$ 即得现值 $P_G$。故：

$$P_G = G(P/G, i, n) \tag{2-17}$$

③ 等差数列等额年金公式：由 $A = P(A/P, i, n)$有：

$$\begin{aligned} A_G &= P_G(A/P, i, n) = G(P/G, i, n) \cdot (A/P, i, n) \\ &= G \cdot \frac{1}{i}\left[\frac{(1+i)^n - 1}{i\,(1+i)^n} - \frac{n}{(1+i)^n}\right] \cdot \left[\frac{i\,(1+i)^n}{(1+i) - 1}\right] \\ &= G\left[\frac{1}{i} - \frac{n}{(1+i)^n - 1}\right] \end{aligned} \tag{2-18}$$

式(2-18)中的$\left[\frac{1}{i} - \frac{n}{(1+i)^n-1}\right]$称为等差年金因子，代号为$(A/G, i, n)$。因此，式(2-18)又可写成：$A_G = G(A/G, i, n)$，故：

$$A = A_0 + A_G = A_0 + G(A/G, i, n)$$

## 2.3　技术方案经济比较的可比原则

如果有若干个备选的技术方案，则需要对这些备选方案进行分析和计算。论证、评价、优选时，必须遵循可比原则，从而保证这些分析、论证不仅能全面、正确地反映真实情况，而且有助于决策的正确。这些原则包括满足需要上的可比原则、消耗费用可比原则、价格可比原则、时间可比原则。当比较方案的上述指标不等同时，需要进行必要的处理，使方案在使用价值上等同化，方可进行方案的比较和选择[11]。

### 2.3.1　满足需要上的可比原则

满足需要上的可比原则，指技术方案在满足社会需要上的具有彼此可以互相替代性，即产量、质量、品种这几方面在满足社会需要上是等同的。

任何技术方案得以存在的前提是，方案实现以后其所产生的功能(或使用价值)必须满足社会及用户的需求。功能等同化是技术方案进行比较的共同基础，一般是从产量和质量两个方面来衡量方案的功能。但往往在比较时，方案此时并没有实现，无法提供实际效益，导致比较时只能采用方案的设计能力进行比较，与实际情况会有出入，所以必须调查研究实际情况。

(1) 产量可比

产量可比指技术方案实际满足社会某种共同需要量。若产量相同，则可以直接比较；若不同，则需要调整后再比较。产量可比一般采用单位产品投资额进行比较。针对公路桥梁项目而言，就是指通过技术方案实现所提供的通过能力进行衡量。

如果方案的产量差别显著时，那么用单位产品投资和经营费进行方案优劣比较，可能得出错误的结论。在这种情况下，需要对产量进行修正计算，然后再进行比较。

(2) 质量可比

质量可比是指进行比较的不同技术方案，其产品质量必须符合国家规定的质量标准。

针对公路桥梁工程项目，质量可比主要是指在技术方案实现后，其提供的服务质量与工程建造的质量可比。服务质量以服务水平来进行衡量，工程建造质量以技术水平进行衡量。

### 2.3.2 消耗费用可比原则

选择方案进行比较时，要对其费用进行全面、综合的考虑。假设各方案过程的各阶段均存在不同，那么应将各方案全过程进行比较；但如果仅方案间的某些过程不同，则只需要比较这些不同过程中的费用差异。

在进行方案的消耗费用计算时，各方案的费用结构与计算范围需要一致。对于公路桥梁项目，在进行甲方案计算时，投资总额由最初投资费与运营中的养护维修费用构成，同时考虑资金的时间价值。而当计算乙方案时，也必须同样考虑其相关费用，否则它们就是不可比的。

### 2.3.3 价格可比原则

价格可比是指在进行技术经济效益计算时，应当采用合理一致的价格。这里所指的合理价格，是指能够反映产品真实价值，也就是各种产品之间比价合理。

影响费用价格变动的因素包括技术水平进步、劳动效率提高和产品成本下降。当方案选用消耗费用进行比较时，要求采用的价格指标是相应时期的，对不同的远景技术方案比较时，则应当采用远景的价格指标。如此，才能达到进行方案比较时价格可比的要求。

另外，当进行国民经济评价，也就是宏观经济评价时，社会环境影响、经济管理体制变革、经济政策变化、历史因素等多种原因，导致现行市场价格与实际价格发生偏离的现象普遍存在，因此，必须对现行价格进行修正，使其能真实反映产品的价值。

### 2.3.4 时间可比原则

进行技术经济评价时，针对项目的经济效果问题，大多数是指未来的效果，是对未来进行预测的效果。

计算期和资金的时间价值是进行时间可比需要同时考虑的两个重要

因素。

（1）计算期

选择经济寿命不同的技术方案进行经济效益比较时，相同的计算期是比较的基础。

① 当各技术方案的经济寿命有倍数关系时，采用最小公倍数。例如，甲方案的经济寿命为 3 年，乙方案的经济寿命为 5 年，则以 15 年为计算期。

② 当技术方案的寿命比较长时，不宜用最小公倍数为计算期，一般采用 15 年为研究期，或以经济寿命最短的方案为研究期。

（2）资金的时间价值

对技术方案在不同时间内发生的效益和消耗，不能将其简单相加，而应采用适当的计算方法，折算成同一时间内的货币价值后才能进行比较。

## 2.4　工程经济分析的基本方法

### 2.4.1　概述

经济分析方法是从数量上对工程项目的经济效益进行分析、计算和评价的一整套方法。它以复利基本公式为基础，以等值交换为基本手段，从不同角度建立起不同的分析方法，以全面地反映工程项目的各种经济特征。对工程项目的经济效益进行分析，基本上分为两类：第一类是考虑资金的时间价值，即动态分析方法；第二类是不考虑资金的时间价值，即静态分析法[12-15]。显而易见，第一类分析方法更科学、实用。

常用的动态经济分析方法有：

① 现值法，又有成本现值法与净现值法之分。

② 年值法，也有成本年值法与净年值法之分。

③ 效益费用法。

经济分析在实际工作中常有以下几种情况：一是最终分析与评价，也叫单方案分析，即对一个工程项目的经济效益做出最后的分析与评价结论，为项目的取舍提供决策依据；二是方案比较，从多种可以互相替代而又相互排斥的实施方案中筛选出一个最优方案，而且只能选择其中的一个方案付诸实施；三是在资源一定的条件下，对若干个可行的项目，按其经济效益的好坏，从中选出最有利的项目优先安排，保证有限的资源用到最有利，最急需的工程项目上去。

### 2.4.2 现值法

现值法的基本思路是将工程项目整个寿命期内的一切现金收入与支出均折算成现值，再按现值加以评价与分析。一般是以寿命开始时间(即现金流量图中坐标零点时间)作为基准时间来计算现值。

有时不同方案的收益相同，且收益难于进行价值计算，因而只需要比较它们的成本，从而就形成了成本现值法。也有时不同方案的成本相同，且成本难于进行价值计算，因而只需要比较它们的收益，故可称之为收益现值法，但这种情况很少。还有的情况是不同方案所产生的效益与成本均不相同，此时就应以其净现值的大小来比较方案。

(1) 净现值(NPV)法

净现值法就是指事先预定一个基准收益率 $i_0$，然后分别将整个计算期内各年所产生的净现金流量都进行折现至投资方案开始实施当年的现值之和。其计算公式如下：

$$\mathrm{NPV}=\sum_{t=0}^{n}(B_t-C_t)(P/F,i_0,t) \tag{2-19}$$

式中 $B_t$——项目第 $t$ 年的收入(或效益)；

$C_t$——项目第 $t$ 年的支出(或费用)；

$n$——项目的计算年限；

$i_0$——标准折现率；

$(P/F,i_0,t)$——折现系数，即$\dfrac{1}{(1+i_0)^t}$。

对于单方案的分析，NPV 为正，说明该方案除能满足预定的利率要求外，还有附加盈利；NPV 为零，则说明刚好满足利率要求；NPV 为负，表明该方案达不到预定利率要求。因此，必须满足 NPV≥0，否则项目应放弃。对于多方案，则应选取 NPV 值最大的方案。

(2) 成本现值(PVC)法

成本现值法是将各方案的所有成本均折算成现值，然后取成本现值最低的方案。

用净现值分析项目的经济效益时，要求用货币单位计算项目的收益，但有些项目的效益难以用货币单位直接计算。对于这类项目，若各备选方案能满足相同的需要，则只需要比较它们的投资与经营费用。即使对于可以用货币单位计算收益的项目，如果备选方案逐年收益相等，那么也可略去对收益的计算，按总成本最小的原则进行比较。其计算公式为：

$$\mathrm{PVC}=\sum_{t=0}^{n}C_t(P/F,i_0,t) \tag{2-20}$$

式中　$C_t$——第 $t$ 年的全部支出；

$n$——方案计算年限；

$i_0$——标准折现率；

$(P/F,i_0,t)$——折现系数，即$\frac{1}{(1+i_0)^t}$。

### 2.4.3　年值法

年值法是将各方案在其寿命期内的现金流量按某一给定的标准折现率折算成等额年值，再按等额年值进行分析或评价。因为一个方案无论重复多少次，其等额年值都是不变的，所以年值法可以认为是方案的无限重复。对于寿命不等的备选方案，使用年值法分析，可以使方案之间具有时间上的可比性，而无须像现值法那样，要先将各方案的寿命周期换算为相等年数才能比较，即用年值法可以直接对寿命不等的诸多方案直接进行比较。年值法常用的分析指标有净年值与成本年值两种。

(1) 净年值(NAV)法

净年值又称等额年值、等额年金，是以一定的基准收益率将项目计算期内净现金流量等值换算而成的等额年值。显然净年值大于或等于零的方案才可以接受，几个方案进行比选时，净年值大者为佳。

净年值与净现值的评价结果对于特定项目而言是等价的，适用于净现值的一切分析对净年值都适用。

将净现值折算成等额年金就是净年值，即：

$$\begin{aligned}\mathrm{NAV} &= \mathrm{NPV}(A/P, i_0, t) \\ &= \sum_{t=0}^{n}(B_t - C_t)(P/F, i_0, t)(A/P, i_0, n) \\ &= \sum_{t=0}^{n}\frac{B_t - C_t}{(1+i_0)^t}\cdot\frac{i_0(1+i_0)^n}{(1+i_0)^n - 1}\end{aligned} \tag{2-21}$$

式中 $B_t$——第 $t$ 年的效益(或收入);

$C_t$——第 $t$ 年的费用(或支出);

$n$——方案计算年限;

$i_0$——标准折现率;

$(P/F, i_0, t)$——折现系数,即$\frac{1}{(1+i_0)^t}$;

$(A/P, i_0, t)$——资金回收因子,即$\frac{i(1+i)^n}{(1+i)^n-1}$。

(2) 成本年值(EAC)法

成本年值法主要用于对可以满足相同需要或产生的收益相同但寿命周期不等的备选方案进行分析。成本年值最低的方案为最优方案,其计算公式为:

$$\begin{aligned}\mathrm{EAC} &= \sum_{t=0}^{n}C_t(P/F, i_0, t)(A/P, i_0, n) \\ &= \sum_{t=0}^{n}\frac{C_t}{(1+i_0)t}\cdot\frac{i_0(1+i_0)^n}{(1+i_0)^n - 1}\end{aligned} \tag{2-22}$$

式中 $C_t$——第 $t$ 年的全部费用支出;

$n$——方案计算年限;

$i_0$——标准折现率;

$(P/F, i_0, t)$——折现系数,即$\frac{1}{(1+i_0)^t}$;

$(A/P, i_0, t)$——资金回收因子,即$\frac{i(1+i)^n}{(1+i)^n-1}$。

(3) 效益费用法

效益费用法反映的经济关系就是项目或某个投资方案的总收益与其总费用的关系。它有两种分析指标:一种是效益费用比,用 $B$ 表示效益,$C$ 表示费用，BCR 表示效益费用比，则有 BCR≠$B/C$；另一种是净效益，用 NB 表示净效益，则 NB＝$B-C$，效益费用法的评价准则应是 BCR≥1 和 NB≥0。

效益与费用的计算，可以根据项目现金流量的特点，按需要采用现值、年值进行计算。对于多方案分析时，若诸方案寿命相等就用现值计算，若各方案寿命不等则采用年值计算。

效益费用分析主要用于公路、桥梁等公共工程项目的经济分析。公共工程不以项目的自身盈利为主要目的，它是通过为社会提供服务而使社会增加效益，因此，公共工程项目的经济效益不能单纯以项目自身的盈利性来衡量，只能用项目建成后社会所得到的效益与社会为之付出的费用作为评价的标准。

# 第3章 桥梁加固与重建的经济分析模型

## 3.1 桥梁加固与重建的基本准则

### 3.1.1 桥梁需要加固或重建的情况

需要对桥梁采取改造措施的情况有如下几种：

① 桥梁承载能力不足，按照现行需要通行的车辆进行验算不能满足强度要求。由于重型车辆的增加，原有桥梁承载能力不够而发生损坏现象，或者为使整条路线上或一个路段内桥梁承载能力保持一致，对个别载重能力较低的桥梁，应按目前载重要求，对在役桥梁进行加固或重建。

② 对于混凝土桥梁局部产生破损，如裂缝、剥落等，若破损严重，已不能满足正常使用要求，则应考虑对桥梁进行改造。由于混凝土桥梁是暴露在自然界当中，所以缺陷长年累月地受到自然界的各种因素的影响，势必会扩大、加深、发展。即使一般认为对结构受力没有什么影响的细小裂缝，也会由于雨水慢慢地渗入而使钢筋产生锈蚀膨胀、裂缝增大、混凝土材料性质不断恶化。因此，发现混凝土桥出现缺陷后，应尽快对缺陷进行调查研究，分析缺陷的产生原因、现状、发展趋势，以及桥梁遭受破坏的程度、对使用性能的影响等，以便及时采取措施进行改造。

③ 桥面宽度不足，影响车辆通过能力时，应进行桥梁改造。

④ 桥梁局部或整体刚度不足，已影响正常使用时，需进行桥梁改造。

⑤ 当桥梁遭受特大自然灾害，如地震、洪水等的破坏，为保证车辆能安全通过桥梁时，需对桥梁进行改造。

以上五种情况，是桥梁常出现的应采取桥梁改造措施的情况。有时这几种情况同时存在于一座桥梁中，因此必须对此桥梁立刻采取改造措施。从技术角度考虑，加固方案和重建方案均能保证桥梁的使用功能，此时应从经济方面着手，分析备选方案的合理性和可行性。

### 3.1.2　桥梁加固的基本准则

效益费用法的理论反映的经济关系是总收益与其总费用的关系。用净效益作为分析指标，用 $B$ 表示效益，$C$ 表示费用，NB 表示净效益，则 $\mathrm{NB}=B-C$。显然评价标准 $\mathrm{NB}\geqslant 0$，假定加固后使用 $T_1$ 年，$T_1$ 年增加的收益包括期望经济效益的增加(用 $\Delta U$ 表示)和损失期望的减少(用 $-\Delta L$ 表示)，这两部分收益的和应大于加固的费用 $C_{\mathrm{r}}$，即：

$$\Delta U-\Delta L>C_{\mathrm{r}} \tag{3-1}$$

若用 $B$ 表示加固后每年桥梁的收益，$D$ 为结构失效造成的经济损失，$\Delta\varphi_1$ 为加固后桥梁的可靠概率的增量，$C_{\mathrm{r}}(\Delta\varphi_1)$ 为相应于 $\Delta\varphi_1$ 的加固费用。一般情况下，$\Delta\varphi_1$ 越大，其加固费用 $C_{\mathrm{r}}$ 越高，则式(3-1)可表示为：

$$(BT_1+D)\Delta\varphi_1>C_{\mathrm{r}}(\Delta\varphi_1) \tag{3-2}$$

### 3.1.3　桥梁重建的基本准则

当加固带来的经济效益的期望值 $U$ 小于加固的投入费用 $C$ 时，认为桥梁已接近或达到其经济使用寿命，应考虑拆除重建。用数学表达式表示为：

$$C_{\mathrm{r}}\geqslant U \tag{3-3}$$

当结构满足加固准则的条件时，就可以进行加固，但是否真正值得，还是一个有待考虑的问题。

假如仅仅考虑使用桥梁的加固能够带来经济效益，而不管其利润的话，那么只要满足式(3-2)就值得加固。但是，人们总是希望在限定的时间内使利润最大，这样就要比较加固、重建产生的年净收入的平均值(年值)。桥梁加固、重建后每年的纯收入 $B_i$ 由于带有很大的不稳定因素，难以估计和预测。但是可以认为桥梁加固或重建后为国家和投资者每年带来相同的收入，这样计算平均年净收入的问题即可转化为平均年费用的问题，从而使得问题得到简化，且提高了决策的精度。这样，如果加固所需的平均年费用小于重建所需的平均年费用的话，那么此时才是真正值得加固的。

在此所述的加固、重建的基本准则，只是理论准则，在实际建模中不予考虑，直接按平均年费用的计算来决定加固或重建方案。

## 3.2 桥梁的平均年费用

### 3.2.1 平均年费用及其意义

一般来说，仅仅考虑备选方案的最初投资费用来确定最优方案不是最经济有效的方法。最实际可行的方法是考虑桥梁结构在整个生命周期中的所有费用来建立模型，用平均年费用作为经济评价的指标。在此模型中，桥梁生命周期中发生的重要成本费用都应考虑在内。当备选方案的平均年费用确定下来，就可以进行各种方案的分析与比较，从而确定最优方案，并且为决策者提供最优方案在生命周期中的各项成本费用，使决策者在桥梁管理工作中做到心中有数，避免盲目投资。

平均年费用作为经济模型中的重要经济指标，是把生命周期中不同时间内支付和发生的所有费用，考虑时间的价值因素，折合成同一时点的价值，然后累加起来得到的。由于投资方案产生的资金流量大多持续时间很长，所以在评价、比较投资方案的优劣时，必须调整各方案的时间价值之后方能做出正确的判断。同时，备选方案中加固方案和重建方案具有不同的设计寿命，而我们强调所有不同方案的比较必须建立在等同的基础之上，所有的工程设计方案在整个工程设计年限内应具有相同的功能。因此，如果备选方案具有不同的设计寿命，那么必须采取适当的计算方法来解决此问题。

在役桥梁的改造工程属于公共事业项目，其收益难以准确用货币形式直接计算及预测，假定在役桥梁加固、重建方案能够满足相同的需要，则只需要比较它们的投资及运营期间的费用。年值法的基本思路是将各方案在其寿命周期内的现金流量按某一给定的折现率折算成等额年值(即平均年费用),再按平均年费用进行分析或评价。无论方案重复多少次,其平均年费用是不变的。因此,对于设计寿命不等的备选方案,使用年值法分析可以使方案之间具有时间上的可比性,而由此方法得出的平均年费用是真实、可靠的经济性分析指标,是符合桥梁工程项目具体情况的。

### 3.2.2　组成平均年费用的基本参数

平均年费用的计算要计入发生在桥梁寿命周期中的所有费用[15-16],否则计算出的平均年费用将与实际情况产生很大误差,从而引起选择最优方案的结论缺乏有力的理论根据。组成平均年费用的参数很多,分别描述如下。

(1) 桥梁的最初投资费用

在经济分析模型中桥梁的最初投资费用对于平均年费用的计算将产生较大的影响,在桥梁生命周期中占的费用比重相当大。估计和预测桥梁的最初投资费用直接影响到平均年费用的计算。

桥梁的最初投资费用主要由三部分组成,即建筑安装工程费,设备、工具、器具购置费,预留费用。预留费用中要考虑一个重要的因素就是施工中断交通或影响交通的正常运行所带来的通行不便和经济损失。因此,要修筑临时的便道,以缓解交通阻塞和安全隐患,则施工中修筑便道所涉及的费用应计入预留费用中。详细的费用组成可用图 3-1 表示。

(2) 桥梁的寿命周期

桥梁的寿命周期是指桥梁建设从开始酝酿、立项、设计、施工、投入使用,直至退役弃置为止的整个过程。在实际中,一般把寿命周期划分成三个时期:投资前期、投资执行时期和投资服务期。投资前期主要是进行公路建设项目可行性研究和资金筹措活动。投资执行时期是从开始进入项目的实施阶段一直到竣工投入使用为止。投资服务期就是进入营运时期,公路桥梁发挥作用,服务于社会的时期。

估计桥梁的寿命周期是一个主观过程。寿命周期以实际物理性能或经济服务的预期时间为依据。一座桥梁可以由于物理特性恶化、技术变化、需求变化、经济考虑等而认为不能使用。寿命周期对平均年费用的影响程度

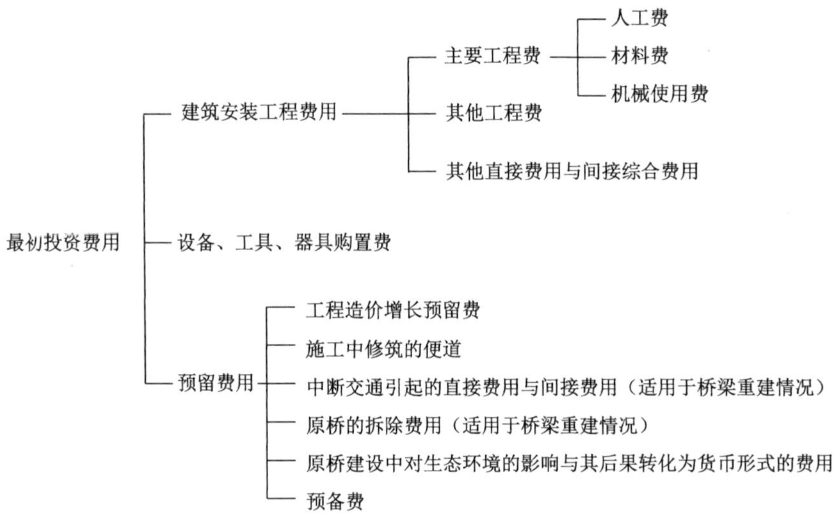


图 3-1　桥梁的最初投资费用组成

取决于折现率的大小，高的折现率使未来的利益和成本的影响趋于减小。

影响桥梁寿命周期的因素包括：

① 桥梁的设计质量。

② 桥梁施工材料的质量以及施工工艺的先进程度。

③ 桥梁在运营期间的维修、养护技术水平。

④ 桥梁受到气候以及其他因素如水、冰、盐蚀的影响程度。

以上主要阐述了新建桥梁的寿命周期问题，而对于一座正在服役的桥梁经过加固后，其剩余的寿命周期与加固后的桥梁可靠度有关。本书在第 4 章提出了一种估计桥梁经济使用寿命的预测方法，以便优化选择。

（3）标准折现率

在工程经济分析中，标准折现率是资金时间价值的体现。在平均年费用的计算中应用基本利息公式可以将发生在桥梁寿命周期中不同时段的费用折算成相同点的费用，以便分析与比较。

标准折现率是由国家统一制定的决策参数，是国家在宏观经济控制方面激励或抑制投资活动的有力工具。标准折现率太高，有可能使许多经济效益好的项目被否定，造成资金积压；标准折现率太低，可能使许多效益不好的项目被肯定，造成投资规模过大而致使资金短缺。合理的标准折现率应使投资资金基本平衡，使经济效益最大化，保证社会资源的最佳分配。在当前情况下，标准折现率可以按部门或行业统计资料来制定，使其能够反映本行业投资效果的最低可接受的收益率水平，所以也称作最低的可接受的资金收益率，它相当于资金的机会费用。标准折现率不同于贷款利率。通常标准折现率应高于贷款利率。这是因为投资方案带有一定风险和不确定因素，所以，若标准折现率不高于贷款利率，则就不值得投资。当前，道路交通建设资金来源有多种渠道，如国外金融机构贷款、国内银行贷款、中央及地方政府专项拨款等，在确定标准折现率时，应充分考虑非贷款资金的机会费用。

标准折现率的选择，对经济分析评价的结果有重要的影响，下面举例说明。本例用净现值作为经济评价的指标，来说明选取不同的标准折现率将会产生不同的经济评价结果（即最优方案）。

当项目的寿命周期一定时，净现值 NPV 随标准折现率 $i_0$ 变大而显著变小，反之亦然。根据不同的值计算出 NPV 值，可绘出 NPV 函数曲线，如图 3-2 所示。图 3-3 为某个项目的两个方案的净现值函数曲线，$IRR_1=12\%$，$IRR_2=16\%$。此时，$i_0$ 的取值对方案的选择有很大影响。当 $0<i_0<8\%$时，$NPV_1>NPV_2>0$，则方案 1 优于方案 2；当 $8\%<i_0<16\%$时，$NPV_2>NPV_1>0$，则方案 2 优于方案 1；当 $i_0=8\%$时，$NPV_1=NPV_2$，仅根据净现值指标，难以做出选择。因此，标准折现率的确定应慎重参考本部门内部收益率的历史资料以及贷款利率综合分析确定。桥梁工程项目属于公共工程，它不是商品，不是以盈利为目的的，其收益是为了偿还建设贷款或作为高等级公路的建设资金。因此，公路建设行业的标准折现率不同于其他行业的标准折现率，一般在贷款利率的基础上综合考虑投资的风险和资金供求平衡等因素后，制定出本行业的标准折现率。

图 3-2 中使 NPV=0 的 $i_0$ 值作为内部收益率，记为 IRR。当 $i_0<IRR$ 时，$NPV>0$；当 $i_0>IRR$ 时，$NPV<0$。

(4) 桥梁维修养护费用

为了维持桥梁的正常运营条件，尽量保持和延长桥梁的使用寿命，因此对桥梁结构物进行经常性的养护维修是非常必要的，而桥梁每年的维修养

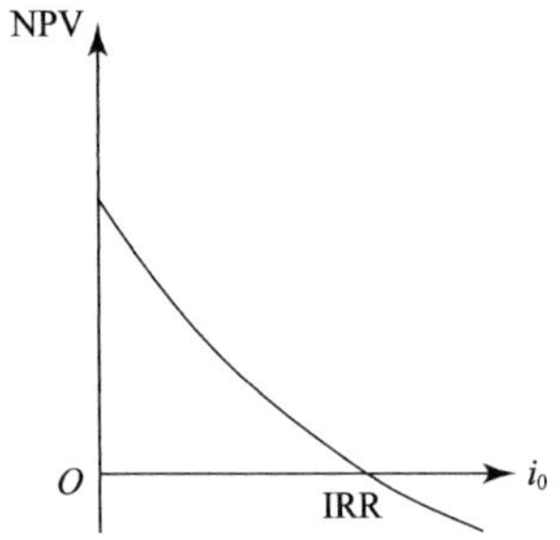


图 3-2　净现值函数曲线图

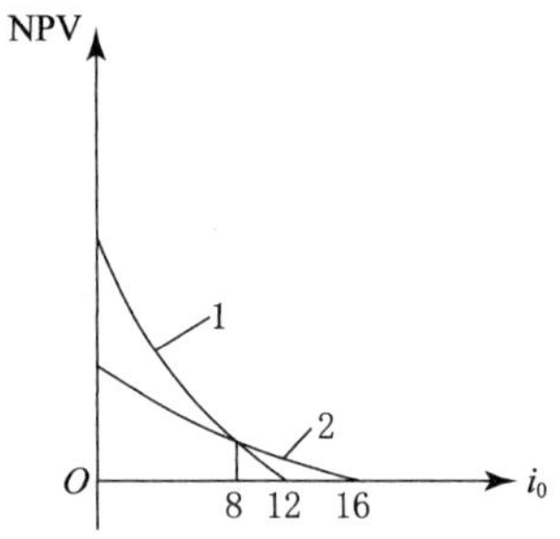


图 3-3　两个方案净现值函数曲线

护费用也是平均年费用的重要组成部分。

桥梁的维修养护主要是对危害桥梁正常运营的部分进行预防、修缮工作。例如，桥面铺装层、桥面伸缩缝装置、桥面防水设施的修补与更换，这些都属于桥梁的维修养护范畴。由此发生的费用计为桥梁每年的维修养护费用。同时，桥梁运营一段时间后还要对其进行一定程度的大修，对存在缺陷的构件、部位进行维修、补强，以保证其后相当长时间内桥梁正常运营。因此，桥梁的维修养护费用可划分为三个部分：桥梁的平均年维修费用 $C$；由于桥梁结构不断劣化而引起桥梁年维修费用的增长梯度 $G_L$；桥梁运营 $n_j'$ 年时进行桥梁大修的费用 $F_j$。详细的桥梁维修养护费用组成及现金流量图如图 3-4 所示。

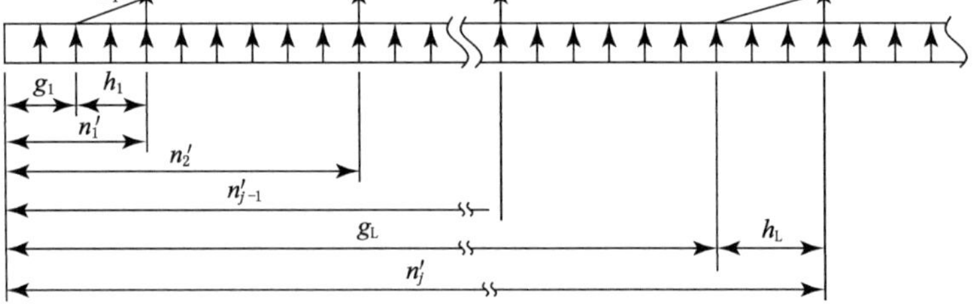


图 3-4　桥梁维修养护费用组成及现金流量图

桥梁的维修养护费用的估计是一个复杂的过程。我国主要依据桥梁管理部门提供的统计数据，结合桥位的具体情况来确定。不同桥位处的桥梁，其维修养护费用可以相差很大。根据有关部门对混凝土桥使用寿命周期维修费用的调查，对于沿海地区以盐害严重的 4 座混凝土桥为例，分别整理了实际所需的初始建设费、养护管理费、拆除费，得出混凝土桥梁养护管理费是初始建设费的 0.5～1.2 倍，也有超过初始建设费的[8]；对于非沿海地区，混凝土桥与钢桥的养护管理项目相同，没有确认有显著的损伤，但应注意寒冷地区（如东北山区）桥梁的防冻措施，养护维修费用应计入这部分措施所发生的费用。总之，桥梁的维修养护管理项目众多，应全面考虑，以防遗漏。

（5）桥梁的残余价值

当桥梁结构功能恶化到一定程度、桥梁面临改造时，桥梁仍具有残余价值。桥梁的残余价值可以是正值，也可以是负值，正值表示需要支付的费用，负值表示桥梁的残余价值仍可带来的经济效益。一般认为，桥梁的残余价值是桥梁的拆除费用，它与桥梁上部结构的类型，桥梁的长度、孔数，桥梁墩台的类型，以及拆除的深度有关。同时桥梁拆除后瓦砾堆的处理费用也包括在桥梁的拆除费用中。当然桥梁拆除后某些构件（如护栏扶手等）还可以再利用，这一定程度上影响桥梁的残余价值。桥梁的残余价值构成如图 3-5 所示。

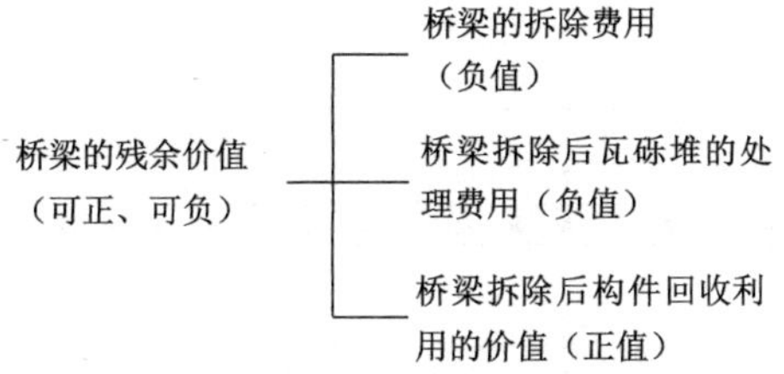


图 3-5　桥梁的残余价值构成

（6）桥梁的服务等级所引起的费用

“桥梁的服务等级”概念的引入是为了量化一座新桥将会给用户带来多大的经济效益。具有过时的几何外形和低的荷载等级的在役桥梁是无法与结构完美、高荷载等级的新桥具有相同经济价值的。荷载等级高、结构尺寸合理的桥梁可以减少交通事故的发生率、减少交通阻塞、减少超限重量的车辆的额外运费，以及带来其他一些无形的经济效益。因此，建设好一座新桥可认为是具有直接用户利益的投资，只是利益的表现形式不是节省金钱，而是节省了时间、改进了安全性和更好的通过性。如果规定用节省的金额来度量时间、安全性和通过性利益，那么总利益可用货币形式确定。而总利益又可认为是，一座在役桥梁为保证其具有与新桥相同的服务等级而每年所投入的费用。因此，桥梁的服务等级所引起的费用是用来弥补在役桥梁与新桥在服务等级上的差距，以保证在役桥梁加固与重建方案为用户带来相同的经济效益，使加固与重建方案的经济分析与比较转化为最小成本的计算与比较上，从而可简化加固与重建方案的经济分析模型[17-18]。

桥梁的服务等级所引起的费用包括交通拥挤和交通阻塞及事故发生而导致的经济损失，其费用的估计主要依据有关部门提供的历史数据而定。

## 3.3 重建方案的经济分析模型

### 3.3.1 重建方案的现金流量图

综合考虑桥梁在寿命周期内的所有费用[19-33]，将其用图形表示出来，如图 3-6 所示。

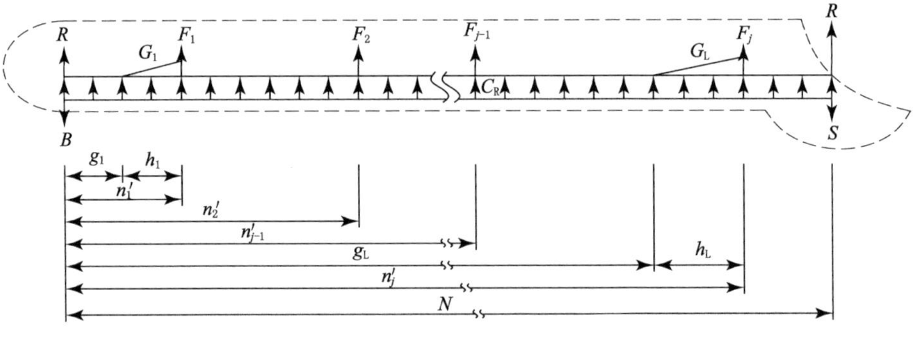


图 3-6 重建方案的现金流量图

从现金流量图中可以看到重建方案在其 $N$ 年寿命周期中，费用的构成主要包括三部分：桥梁的最初投资费用、桥梁的拆除费用、桥梁的维修费用。其形成了一个周期为 $N$ 的循环，它形象地表示了寿命周期内费用的变化过程，并规定水平线上方符号为正号，表示支出的费用。

### 3.3.2 重建方案的经济分析模型

现金流量图是经济分析的有效工具，是正确建立经济分析模型的基础。依据工程经济分析的基本原理与方法，采用年值法，以平均年费用作为分析评价的指标，建立重建方案的经济分析模型，如式(3-4)所示：

$$A_{重建}=(A/P,i,N)\left[R+\sum_{m=1}^{L}G_m(P/G,i,h_m+1)(P/F,i,g_m-1)+\sum_{k=1}^{j}F_k(P/F,i,n_k)-S(P/F,i,N)\right]+C_R \tag{3-4}$$

式中　$A_{重建}$——重建方案的平均年费用；

$R$——重建方案的最初投资费用；

$B$——在役桥梁废弃时的残余价值；

$S$——重建桥梁在寿命周期终点时的残余价值；

$C_R$——桥梁重建后每年的平均养护维修费用；

$G_m$——桥梁重建后每年的养护维修费用的增长梯度；

$F_k$——桥梁在第 $n_k'$ 年进行大修时的费用；

$N$——重建桥梁的寿命周期；

$n_k'$——桥梁进行大修时的时间；

$g_m$——桥梁每年养护维修费用开始增长的时间；

$h_m$——桥梁每年养护维修费用增长持续的时间；

$i$——标准折现率；

$A/P$——资金回收因子，$(A/P,i,n)=\frac{i\ (i+1)^n}{(1+i)^n-1}$；

$P/F$——复利现值因子，$(P/F,i,n)=\frac{1}{(1+i)^n}$；

$P/G$——等差现值因子，$(P/G,i,n)=\frac{1}{i}\left[\frac{(1+i)^n-1}{i\ (i+1)^n}-\frac{n}{(1+n)^n}\right]$。

假定 $N$ 相当大，$B$ 相对于 $R$ 非常小，则式(3-4)可表示为：

$$A_{重建}=(A/P,i,N)\left[(R-S)+\sum_{m=1}^{L}G_m(P/G,i,i_m+1)(P/F,i,g_m-1)+\sum_{k=1}^{j}F_k(P/F,i,n_k')\right]+(S-B)i+C_R \tag{3-5}$$

式(3-5)优于式(3-4),首先在役桥梁的残余价值 $B$ 与重建桥梁的残余价值 $S$ 非常接近,因此在某些情况时 $(S-B)i$ 项可忽略不计,从而简化计算。其次,一般情况桥梁的最初投资费用 $R$ 中包括了在役桥梁的拆除费用,拆除费用近似等价于残余价值,则式(3-5)中 $(R-S)$ 项实际等于桥梁的最初投资费用。

# 3.4 加固方案的经济分析模型

## 3.4.1 加固方案的现金流量图

加固方案的现金流量图如图 3-7 所示。

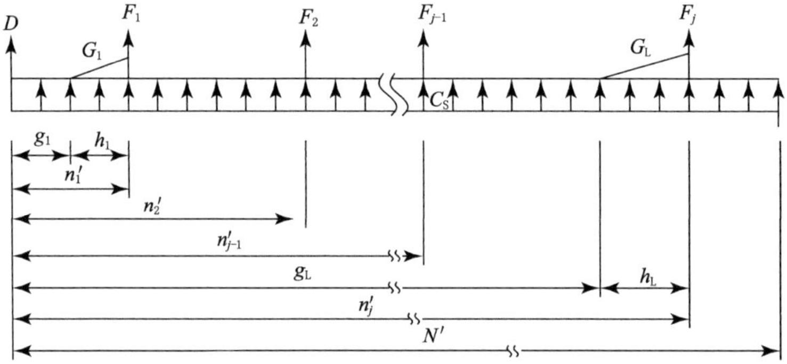


图 3-7 加固桥梁方案的现金流量图

对比在役桥梁重建方案、加固方案的现金流量图,可以看到这两种方案具有不同的特点:加固方案的初始建设费(投资费)用较少,但每年的维修养护费用较多,且使用年限短;重建方案的资金流动情况正好相反。而且桥梁加固是对现有结构的改造,因此应考虑其在延续时间内与新建桥梁在服务等级上的差距,即为保证与重建新桥具有相同的服务等级而每年所投入的费用。

## 3.4.2 加固方案的经济分析模型

以平均年费用作为经济分析评价的指标,建立加固方案的经济分析模型,如式(3-6)所示:

$$A_{加固}=(A/P,i,N)\left[D+\sum_{m=1}^{L}(P/G,i,h_m+1)(P/F,i,g_m-1)+\sum_{k=1}^{j}F_k(P/F,i,n_k)\right]+C_S+L_S \tag{3-6}$$

式中　$A_{加固}$——加固方案的平均年费用；

$D$——加固方案的最初投资费用；

$C_S$——桥梁加固后每年的平均养护维修费用；

$G_m$——桥梁加固后每年的养护维修费用的增长梯度；

$F_k$——桥梁加固后在第 $n'_k$ 年进行大修时的费用；

$N'$——桥梁加固后的剩余适用年限；

$n'_k$——桥梁进行大修时的时间；

$g_m$——桥梁每年养护维修费用开始增长的时间；

$h_m$——桥梁每年养护维修费用增长持续的时间；

$i$——标准折现率；

$L_S$——桥梁的服务等级所引起的费用；

$A/P$——资金回收因子，$(A/P,i,n)=\dfrac{i\,(i+1)^n}{(1+i)^n-1}$；

$P/F$——复利现值因子，$(P/F,i,n)=\dfrac{1}{(1+i)^n}$；

$P/G$——等差现值因子，$(P/G,i,n)=\dfrac{1}{i}\left[\dfrac{(1+i)^n-1}{i\,(i+1)^n}-\dfrac{n}{(1+n)^n}\right]$。

## 3.5　经济分析模型的敏感性分析

经济分析模型中需要使用各种参数，如最初投资费用、年度维修费用、标准折现率等。这些参数是进行桥梁加固、重建方案经济分析和评价的基本数据，它们或来自估计，或来自预测，带有某种不确定性。如果某个带有不确定性因素的参数发生变化时，对该方案的经济评价指标的影响程度大，那么表明这个参数是敏感因素；若引起的影响程度小，则表明这个参数不是敏感因素。敏感性分析是对影响经济效果的各种参数的变化做出估计和预测，并对经济效果的变化做出相应的分析和计算，从而判断经济参数变化时，经济效果的敏感程度。

通过敏感性分析，可以找出对项目经济效果影响最敏感的因素；根据敏感因素可能出现的变化范围，确定经济评价指标的变化程度，以提高决策的准确性；评价方案的风险性并选择风险小（即敏感性小）的方案；帮助决策者对有关参数做进一步的资料收集及分析，以提高决策的可靠性。

敏感性分析的方法可按下述步骤进行：

① 分析哪些因素最有可能对经济参数产生影响，进而决定哪些参数属于不确定性参数。

② 选择不确定性参数的可能范围和增减量。

③ 选择确定经济评价指标做敏感性计算。

④ 计算各个不确定参数发生不同变化时经济评价指标的变化结果，并将计算结果以敏感性分析图（或表格）形式表示出来。

⑤ 确定敏感参数，对方案的风险情况做出评价。判别敏感参数的方法是假定各参数均从其基本数值起开始变动，比较在同一变化率处各参数引起的经济评价指标的变化值的大小，变化值大的所对应的参数为敏感参数。在敏感性分析图中，敏感参数的变化曲线的斜率较大。

实施敏感性分析，一般都要考虑几个可变参数。但为了简便起见，通常假设各参数之间是相互独立的，每次只研究一项可变参数，其他参数则保持不变。敏感性分析的计算和绘图工作可借助电子计算机，这样能很方便地处理这类问题。

# 第 4 章　西沙黄河大桥维修加固方案研究

## 4.1　方案设计概况

西沙黄河大桥维修加固工程是兰州市 2004 年实施的城市基础设施建设重点项目之一，该工程的建设对于兰州市西固区的经济发展和城市建设具有十分重要的意义，市委、市政府非常重视该项目的建设。2003 年 8 月，兰州市市政工程管理处下达了西沙黄河大桥测试及检定委托任务书，兰州交通大学成立了由数位教授和博士组成的专家组对该桥进行了详细的测试及检定工作，对桥梁的运营状况进行了详细的调查，并通过理论计算和荷载试验对桥梁的承载能力和静动力刚度进行了综合分析，根据《城市桥梁养护技术规范》(CJJ 99)和《公路养护技术规范》(JTJ 073)等当时的相关规范综合评定分类界限，界定西沙黄河大桥属危险桥梁。兰州市市政工程管理处根据检测结果于 2004 年 1 月对该桥进行了限载通行。2004 年 3 月，兰州市市政工程管理处委托兰州交通大学对西沙黄河大桥维修加固方案进行研究和设计，并于 2004 年 8 月 3 日由兰州市建委组织有关专家对兰州市西沙黄河大桥检定与维修加固方案设计进行了审查，形成了《关于西沙黄河大桥检测与加固方案专家论证会会议纪要》，纪要要点如下：

① 兰州交通大学对兰州市西沙黄河大桥进行了全面系统的测试与检定。与会专家认为测试与检定采用的测试方法先进，各种资料翔实完整，理论计算比较科学，测试数据与计算数据相当接近且比较准确，因此，测试与

检定结果科学，比较切合实际。这为西沙黄河大桥维修加固提供了科学依据和基础资料。

② 兰州交通大学根据测试与检定结果编制了兰州西沙黄河大桥维修加固方案。各位专家对提出的三个方案通过比较分析、论证后认为，推荐的技术方案可行，选用的技术标准合理。

③ 专家组对西沙黄河大桥维修加固方案经过认真充分的讨论后认为，方案设计标准符合该地区交通量需求，维修加固内容以及采取的加固措施合理可行。为了加固后的桥梁整体更加安全可靠、延长使用寿命，专家建议将钢筋混凝土 T 梁部分和钢桁梁部分采用预应力混凝土梁进行更换。

④ 建议推荐方案与全部更换上部梁体方案在资金等其他方面进行比较，在做维修加固设计时充分考虑。

⑤ 通过检测，该桥基础冲刷严重，同意方案中采用抛石护基的处理措施。

⑥ 建议下一阶段对桥墩墩身以及沉井加固进行深化研究，同意按照墩身及沉井加固修补补强方案处理。

西沙黄河大桥维修加固方案评审以后，兰州市原建委又于 2004 年 9 月 22 日组织专家对兰州交通大学勘察设计院提交的方案设计文件进行了论证，并得出了以下几条专家论证意见：

① 兰州交通大学勘察设计院充分考虑了西沙黄河大桥维修加固设计方案评审会上专家所提出的评审意见，经过优化设计后所进行的维修加固方案设计，选用技术标准合理，设计依据充分可靠。加固后不但提高该桥的承载能力和耐久性，满足城市桥梁结构的一般使用荷载标准要求，而且具有施工工期短、投资少、技术可行等特点，达到了维修加固方案设计深度的要求，原则同意通过方案设计论证。

② 对于上部结构中的钢筋混凝土 T 梁，方案设计首先在对其裂缝处理之后采用增大截面和主筋法提高其承载能力，在支座附近截面处粘贴钢板增强其梁端截面的抗剪强度，重新浇筑横隔板加强其横向联系和整体稳定性，所采用的技术先进、方法合理、设计可靠，但应再进一步优化。

③ 对于原 3 跨钢桁梁采用装配式预应力钢筋混凝土空心板梁进行更

换，空心板梁的截面尺寸选择正确，预应力束布置合理，结构满足使用状态要求。

④ 对于下部结构，方案设计中采用挂网喷浆法对桥墩身进行加固，采用抛石护基法对基础进行加固，能提高桥梁的耐久性和抗冲刷能力。同时，设计中还对施工时可能出现的问题进行了充分的考虑，并提出了相应的建议施工方案。

⑤ 桥面和南北引道的维修设计合理，体现了本次“修旧如新”的维修加固原则。

⑥ 建议在本次方案设计的基础上，补充初设依据的资料，补充 T 梁加固方案和更换新梁技术经济比较。

## 4.2　桥梁结构维修加固方案

### 4.2.1　桥梁上部结构维修加固设计

#### 4.2.1.1　钢筋混凝土简支 T 梁

本次维修加固方案设计对原钢筋混凝土简支 T 梁（$L_0=22.16$ m）提出了两种加固方案：维修加固方案（推荐方案）和更换主梁方案（比较方案）。

（1）钢筋混凝土简支 T 梁维修加固方案（推荐方案）

① 进行裂缝修补：采用注胶法对钢筋混凝土简支 T 梁梁体出现的裂缝进行修补。使用的注胶材料须具有黏度低、可注性和韧性好等性能，固化后体积收缩小，且固化时间需按照施工工艺要求选用可调节和耐久性好的树脂类材料。

② 采用增大截面的方法和增加主筋法加固原钢筋混凝土 T 梁（旧梁），即在原 T 梁梁肋底部跨中部分现浇筑出一马蹄形混凝土截面，该马蹄形截面长为 1 616 cm，高与宽都是 30 cm。马蹄形截面内新布设 8 根主筋，其中 4 根 $\phi$32 mm 钢筋和 4 根 $\phi$22 mm 钢筋，钢筋按设计成形，8 根主筋均用钢板箍筋将其焊接在原梁主筋上，与新增箍筋（$\phi$8 mm）共同形成钢筋骨架后，再行浇筑新的混凝土。在新混凝土浇筑前，可使用混凝土界面剂在原 T 梁梁

体表面涂刷一层,以达到新、旧混凝土黏结性增强的目的。

③ 采用粘贴钢板法提高 T 梁支座处截面的抗剪强度,使用的钢板宽 22 cm、厚 0.6 cm,钢板粘贴方向要与梁轴线形成 45°夹角。采用改性环氧树脂砂浆作为粘贴剂,并使用高强螺栓(M12)加强紧固,梁端两侧分别用钢板粘贴,每片梁粘贴钢板共 8 块。

④ 为增强 T 梁整体受力性能,加强其横向联系,选择在原 T 梁横隔板接缝处两侧分别凿除 20 cm 宽的混凝土,在横隔板处增加连接钢筋,通过重新浇筑混凝土使横隔板连接成整体。

⑤ 简支 T 梁在各种荷载组合作用下,加固前和加固后的各种力学性能指标见表 4-1。

**表 4-1 简支 T 梁加固前和加固后力学性能比较**

| | 加固前 | 加固后 | 提高幅度 | 备注 |
|---|---|---|---|---|
| 跨中截面抗力 $M_s$/(kN·m) | 2 426.8 | 3 461.3 | 42.6% | |
| 跨中截面荷载效应(组合Ⅰ)$M_j$/(kN·m) | 2 286.64 | 2 404.15 | 5.1% | |
| 支座截面抗力 $Q_s$/kN | 613.81 | 770.59 | 25.5% | |
| 支座截面荷载效应(组合Ⅰ)$Q_j$/kN | 461.30 | 481.32 | 4.3% | |
| 跨中截面挠度 $y$/mm | 19.50 | 12.70 | −34.9% | 活载(不计冲击) |
| 跨中截面裂缝宽 $\delta$/mm | 0.18 | 0.11 | −38.9% | |

(2) 钢筋混凝土简支 T 梁更换主梁方案(比较方案)

① 将原钢筋混凝土简支 T 梁更换为装配式预应力混凝土空心板梁(先张法),每跨设 9 片空心板梁,其中 7 片为中梁、2 片为边梁,中梁梁高 0.90 m、梁宽 1.0 m,边梁梁高 0.90 m,底板宽 1.10 m,顶板宽 1.50 m(其中悬臂部分为 0.40 m)。

② 预制空心板梁预应力钢筋采用 $\phi^j$15.24 mm 钢铰线。每片中梁布置 17 根钢铰线,每片边梁布置 18 根钢铰线。

③ 空心板梁在各种荷载组合作用下,其力学性能指标见表 4-2。

表 4-2　空心板梁($L_0=22.16$ m)力学性能指标

| 力学参数 | 跨中截面抗力 $M_s$/(kN·m) | 跨中截面荷载效应(组合Ⅰ) $M_j$/(kN·m) | 支座截面抗力 $Q_s$/kN | 支座截面荷载效应(组合Ⅰ) $Q_j$/kN | 跨中截面竖向位移 $y$/mm |
|---|---|---|---|---|---|
| 计算值 | 2 083.56 | 1 889.22 | 436.70 | 426.61 | 12.30 |

(3) 方案比较

① 安全性比较：由表 4-1 和表 4-2 可以看出，钢筋混凝土简支 T 梁维修加固方案和更换主梁方案无论强度、刚度和裂缝控制等参数均能满足桥梁在设计荷载作用下安全性方面的要求，但更换主梁方案安全性较高。

② 工程量比较：钢筋混凝土简支 T 梁维修加固方案和更换主梁方案主要工程量见表 4-3。

表 4-3　工程量比较

| 名称 | 材料 | 单位 | T 梁维修加固 | 更换主梁 |
|---|---|---|---|---|
| 上部结构 | 混凝土 | $m^3$ | 97.5 | 1 062.5 |
| | 普通钢筋 | t | 7.1 | 128.7 |
| | 钢板 | t | 18.2 | |
| | 预应力钢绞线 | t | | 37.7 |
| 下部结构 | 裂缝修补 | m | 315 | |
| | 墩帽加高混凝土 | $m^3$ | | 89.7 |
| | 支座 | 个 | | 180 |
| 管线临时支护 | | m | 195.8 | 671.8 |
| 拆除工程 | T 梁拆除外运 | $m^3$ | | 578.9 |

由表 4-3 可以看出，T 梁维修加固方案主要材料的工程数量要远小于更换主梁方案的。

③ 工程概算投资比较：钢筋混凝土简支 T 梁维修加固方案和更换主梁方案工程概算投资比较见表 4-4。

表 4-4　工程概算投资比较

| 项目 | 单位 | T 梁维修加固(推荐方案) | 更换主梁(比较方案) |
|---|---|---|---|
| 上部结构 | 万元 | 70.90 | 286.19 |
| 下部结构 | 万元 | 8.20 | 38.81 |
| 其他(包括临时支护和拆除等) | 万元 | 44.90 | 330.71 |
| 合计 | 万元 | 124.00 | 655.71 |

(4) 方案比选

从桥梁维修加固的安全性比较、工程量比较和投资费用比较可以看出：钢筋混凝土简支 T 梁采用维修加固方案工程量小、造价较低、施工周期较短，能满足设计荷载使用安全性方面的要求，同时能减少对供水管线的临时支护数量；缺点是施工工艺过程较复杂，未能彻底解决原梁所存在的所有病害。更换主梁方案具有桥型整齐美观、整体性能好、行车舒适，主梁可以采用预制施工，工艺过程较简单，可以彻底解决桥梁上部结构所存在的病害；缺点是施工工期相对较长、工程量较大、造价较高，同时还需要增加原钢筋混凝土 T 梁的拆除外运和桥梁两侧供水管线的临时支护，对周围环境影响较大，且自重较大，每跨需要增加的重量为 88.6 t。

由于西沙黄河大桥承载着繁重的交通任务，对周围厂、矿企业和人民群众生活有着非常重要的影响，因此本着实用、经济、安全、美观的原则，本次设计推荐 T 梁维修加固方案。

4.2.1.2　钢桁梁($L_0=32.60$ m)

① 将钢桁梁更换为预应力混凝土空心板梁，每跨设 8 片板梁，其中 6 片为中梁、2 片为边梁。空心板梁梁高为 1.40 m，中梁宽为 1.20 m，边梁顶宽为 1.40 m、底宽为 12 cm，腹板和底板在跨中部分厚为 16 cm，梁端截面处厚为 20 cm。

② 预制空心板梁预应力钢筋采用 $\phi^j$15.24 mm 钢铰线，每片梁布置 12 束(34 根)钢筋。

③ 钢桁梁更换为预应力空心板梁后，上部结构每跨重量(包括桥面系)由原来的 498.2 t 增加到 589.1 t，增加了 90.9 t。

④ 空心板梁($L_0=32.60$ m)在各种荷载组合作用下，其力学性能指标见表 4-5。

表 4-5　空心板梁($L_0=32.60$ m)力学性能指标

| 力学参数 | 跨中截面抗力 $M_s$/(kN·m) | 跨中截面荷载效应(组合Ⅰ) $M_j$/(kN·m) | 支座截面抗力 $Q_s$/kN | 支座截面荷载效应(组合Ⅰ) $Q_j$/kN | 跨中截面竖向位移 $y$/mm |
|---|---|---|---|---|---|
| 计算值 | 5 673.98 | 5 073.01 | 849.45 | 714.50 | 14.29 |

### 4.2.2　桥梁下部结构维修加固设计

4.2.2.1　桥梁墩台加固

① 裂缝修补:维修方法与钢筋混凝土 T 梁裂缝修补方法相同。

② 墩身加固:各个桥墩(1# ～12# 墩)墩身采用挂网喷浆法进行加固,即首先在墩身上种植锚固筋,再制作钢筋网,最后进行细石混凝土喷射。

③ 喷射混凝土时,应采用分段分层进行喷射,每段之间用喷射混凝土箍带隔开,箍带宽度不小于 80 cm,每段宽不大于 2 m。每段分三层喷射,第一、二层厚度为 3 cm,第三层厚度为 2 cm。

④ 喷浆前,原墩身表面应涂刷一层混凝土界面剂;喷浆完成后,采用人工抹灰做到外观平整、美观。

4.2.2.2　沉井基础加固

① 西沙黄河大桥 1# ～8# 基础采用抛石护基法进行加固。

② 各沉井顶部采用 C25 混凝土进行修补,修补后沉井顶面比原顶面高 30 cm。

## 4.3　附属工程及其他设施

### 4.3.1　引道工程

(1) 引道工程设计范围

西沙黄河大桥维修加固工程的引道指桥梁两端南北引道。其中,南引道长 96 m,北起西沙黄河大桥桥头,南接南滨河路西延段;北引道长 50 m,

南起西沙黄河大桥桥头，北与原桥北道路相接。

(2) 引道工程的平、纵、横设计

南北引道在平面位置上分别与南滨河路西延段以及桥北道路相接，南引道最大纵坡为2.7%，北引道最大纵坡为2.0%，为使引道与桥梁、道路相接顺畅，南北引道均设半径为800 m的竖曲线。南引道与桥相接处的断面布置与桥梁断面相同，与南滨河路西延段相接处断面为20.0 m[=3.0 m(人行道)+14.0 m(车行道)+3.0 m(人行道)]。北引道与桥相接处断面布置与桥梁断面相同，与桥北道路相接处断面为17.0 m[=2.5 m(人行道)+12.0 m(车行道)+2.5 m(人行道)]。

(3) 路面结构

引道工程路面结构如下。

① 面层：3 cm厚细粒式沥青混凝土(AC-13Ⅰ)及6 cm厚粗粒式沥青混凝土(AC-25Ⅱ)。

② 基层：20 cm厚水泥稳定砂砾土(6%)。

③ 底基层：25 cm厚石灰粉、煤灰、稳定砂砾土(二灰土)。

④ 人行道部分：5 cm厚C25混凝土步砖，2 cm厚水泥砂浆卧底，20 cm厚石灰土(12%)。

⑤ 土基：原(填)土夯实，保证规范要求的含水量和压实度。

### 4.3.2 附属工程

(1) 桥面铺装

对桥梁两端各5跨的钢筋混凝土T梁部分，桥面铺装分为两层，底层为钢筋混凝土三角垫层，其厚度为6～12 cm，面层为6 cm沥青混凝土(4 cm厚的中粒式，2 cm厚的耐磨层)；中间3跨桥面铺装层结构与T梁部分相同，但底层厚度均为6 cm，桥面横坡通过支座垫石调整。

(2) 人行道板、栏杆

人行道板采用预制块件拼装而成，每段长度为1.0 m，在梁端伸缩缝处预留现浇段。

全桥及广场栏杆均采用组合式钢栏杆，栏杆高度为1.27 m。

(3) 伸缩缝、支座

全桥采用两种形式的伸缩缝，跨径 22.16 m 的简支梁采用 CD-60 型伸缩缝，跨径为 32.60 m 的简支梁采用 FM-80 型伸缩缝。预应力混凝土空心板梁的支座均采用 GJZF4(250 mm×400 mm×49 mm)板式橡胶支座。

(4) 桥头搭板

本次设计为保障道路与桥梁连接的平顺，防止桥头出现跳车，在桥头两端各增设长为 8 m、宽为 9 m 的桥头搭板。

(5) 排水系统

桥面排水系统采用安装泄水孔的方法，泄水管沿车行道两侧对称布置，泄水管间距为 8～9 m。泄水管在 T 梁翼缘采用竖向排水，在预应力空心板梁处采用横向排水。

### 4.3.3　其他设施

(1) 照明系统

① 本工程照明系统设计仅包括桥上和南引道普通照明，总用电负荷约为 7 kW。

② 照明电源从南滨河路西延段路灯线直接引入，采用单相 220 V 电源供电。

③ 照明系统采用单杆单挑，沿桥(路)两侧对称布置。灯杆采用热镀锌钢灯杆，灯杆间距 30 m，灯杆高度 8 m，光源采用 250 W 高压灯。

④ 照明系统应采用可靠接地系统，接地电阻应小于 4 Ω。

(2) 交通工程设施

本次维修加固后桥梁为双向两车道，依据《道路交通标志和标线》(GB 5768)在桥面上画出各类交通标线，并在桥两端设置必要的指示、警告和限速标志。

(3) 桥头广场

桥头广场与原桥头南北广场平面位置和范围相同。南广场设计面积为 314.0 $m^2$，北广场设计面积为 326.5 $m^2$。广场采用厚为 5 cm 的 C25 混凝土步砖铺砌。

(4) 施工组织设计

依据本次设计所提出的施工组织设计如图 4-1 所示。

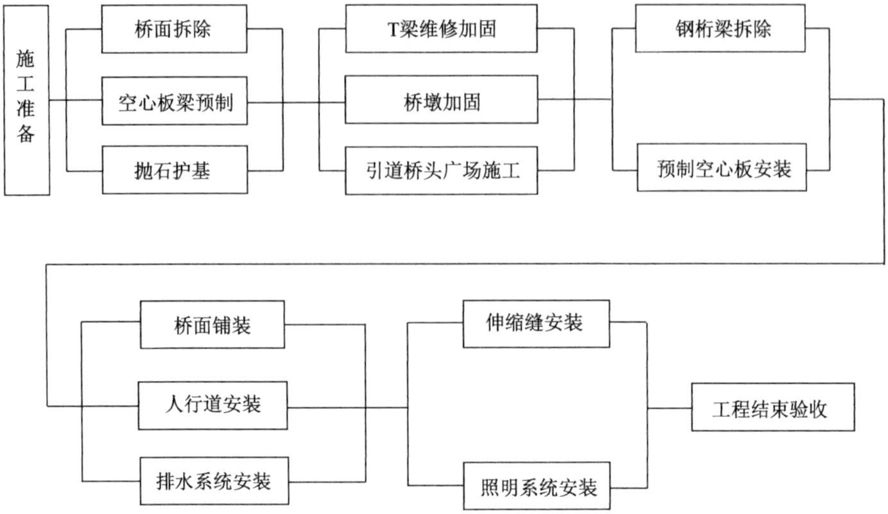


图 4-1　施工组织设计

(5) 交通组织设计

为保证当地交通畅通和人民群众生活、工作的正常秩序，提出如下交通组织方案：

① 原通过西沙黄河大桥的机动车辆可绕行上游的新城黄河大桥或下游的银滩黄河大桥通行。

② 行人和非机动车辆可借道上游(约 300 m 处)兰炼管道桥通行或在黄河上增设渡船通行。

(6) 管线情况

西沙黄河大桥通过的管线主要有供水管线及电力通信设备。

在本工程维修加固过程中，为保证工程的顺利进行，需要设置临时支护的管线有：

① 供水管线 DN400 mm 每侧一道共两道，每道长约 330 m。

② 电缆每侧四道共八道，每道长约 330 m。

# 第 5 章　西沙黄河大桥维修加固投资估算

## 5.1　编制原则与依据

### 5.1.1　编制原则

本次可行性研究报告投资估算部分的编制，依据的是工程现场调查资料、工程方案设计及相应的估算计算程序。

按照建设部《市政工程可行性研究投资估算编制方法》(建标〔1996〕628 号)、《市政公用工程设计文件编制深度规定》(建质〔2004〕16 号)及《全国市政工程投资估算指标》所规定的有关文件格式、内容及要求进行编制。

### 5.1.2　编制依据

① 《市政工程可行性研究投资估算编制方法》(建标〔1996〕628 号)。

② 《市政公用工程设计文件编制深度规定》(建质〔2004〕16 号)。

③ 《全国市政工程投资估算指标》。

④ 《兰州市西沙黄河大桥维修加固工程可行性研究报告方案设计》。

⑤ 有关文件及说明。

### 5.1.3　采用的定额、材料标准及相关费用文件

① 《全国市政工程投资估算指标》。

②《市政工程预算定额》(建标〔1999〕221 号)。

③《甘肃省市政工程预算补充定额》。

④《市政工程预算定额甘肃省地区基本价》。

⑤《甘肃省建设工程混凝土砂浆材料消耗定额》。

⑥《建设工程混凝土砂浆材料消耗预算定额地区基价》。

⑦《甘肃省建设工程费用定额》。

⑧《甘肃省工程建设其他费用项目组成》及文件汇编。

⑨《2004 年第三季度实物法调整综合材料预算指导价格》。

## 5.2 人、材、机费用的确定

### 5.2.1 人工费

人工费标准采用《关于颁发甘肃省建设工程人工单价的通知》(甘建价〔2004〕125 号)文件中有关甘肃省兰州市市政工程人工费单价的有关规定：

综合人工费单价＝23.16 元/工日

### 5.2.2 材料价格

本估算按实物法编制，采用材料费单价《2004 年第三季度实物法调整综合材料预算指导价格》及有关补充定额规定对主要材料单价进行调整。材料单价均为综合材料预算价。本次桥梁工程用混凝土考虑为商品混凝土。

本工程所采用材料单价见表 5-1。

表 5-1　主要材料综合单价一览表

| 材料名称 | 单位 | 单价/元 | 材料名称 | 单位 | 单价/元 |
|---|---|---|---|---|---|
| 水泥32.5R | t | 268 | 砂砾 | $m^3$ | 53.30 |
| 水泥42.5R | t | 288 | 中砂(混凝土用) | $m^3$ | 55.00 |
| 沥青 100# | t | 1 880 | 碎石 | $m^3$ | 56.94 |
| SBS 沥青 | t | 2 900 | 石 | $m^3$ | 44.52 |

表5-1(续)

| 材料名称 | 单位 | 单价/元 | 材料名称 | 单位 | 单价/元 |
|---|---|---|---|---|---|
| 普通钢筋 | t | 3 996 | 沥青马蹄脂碎石混合材料(含运输) | $m^3$ | 989.57 |
| 低合金钢筋 | t | 4 046 | 中粒式沥青混凝土(含运输) | $m^3$ | 573.08 |
| 普通钢板 | t | 4 492 | 粗粒式沥青混凝土(含运输) | $m^3$ | 528.28 |
| 型钢 | $m^3$ | 3 328 | 商品混凝土 C15 | $m^3$ | 271.47 |
| 原木 | $m^3$ | 1 100 | 商品混凝土 C20 | $m^3$ | 288.55 |
| 板方材 | 千块 | 1 300 | 商品混凝土 C25 | $m^3$ | 305.81 |
| 普通红砖 | $m^3$ | 177 | 商品混凝土 C30 | $m^3$ | 321.28 |
| 块石 | | 45.40 | 商品混凝土 C40 | $m^3$ | 357.39 |
| 生石灰 | | 112.82 | 商品混凝土 C50 | $m^3$ | 428.43 |

### 5.2.3　机械费用

采用《全国统一施工机械台班费用定额:机械台班费》中所规定的机械台班费用。

## 5.3　工程数量及投资估算

### 5.3.1　工程数量

本工程投资估算中的工程数量是按照《兰州市西沙黄河大桥维修加固工程可行性研究报告方案设计》及相应的工程量计算规则确定,详见方案设计工程数量汇总表。

### 5.3.2　工程有关取费标准

本工程投资估算建筑安装工程费用部分取费严格按照《甘肃省建设工程费用标准定额》有关取费规定执行。

### 5.3.3　工程投资估算

估算严格按照《市政工程可行性研究投资估算编制办法》(建标〔1996〕

628 号)所规定的原则和方法编制。由于本工程涉及分部工程较多,《全国市政工程投资估算指标》无法满足估算编制的要求,故本次估算依据《市政工程预算定额》(建标〔1999〕221 号)相关定额编制扩大估算指标,即采用"估算综合指标法"进行计算。

本次设计包括两个方案(方案一、方案二),并就两方案估算分别进行编制。其中,方案二为推荐方案。

(1) 推荐方案投资估算(方案二)

① 建筑安装工程费用。

本工程推荐方案涉及的分部工程有:拆除工程、桥梁下部工程、桥梁上部工程、桥面工程、南北引道及广场工程、照明工程、交通工程及其他工程。推荐方案工程费用合计为 1 638.19 万元。

推荐方案工程费用汇总见表 5-2,其构成饼图如图 5-1 所示。费用详细计算见表 5-3～表 5-8。

**表 5-2　推荐方案工程费用汇总表**

| 序号 | 分部工程名称 | 单位 | 金额 | 所占比例 | 备注 |
|---|---|---|---|---|---|
| 1 | 拆除工程 | 万元 | 197.19 | 12.04% | |
| 2 | 桥梁下部工程 | 万元 | 438.44 | 26.76% | |
| 3 | 桥梁上部工程 | 万元 | 689.18 | 42.07% | |
| 4 | 桥面工程 | 万元 | 166.95 | 10.19% | |
| 5 | 南北引道及广场工程 | 万元 | 86.33 | 5.27% | |
| 6 | 照明工程 | 万元 | 17.60 | 1.07% | |
| 7 | 交通工程 | 万元 | 5.00 | 0.31% | |
| 8 | 其他工程 | 万元 | 37.50 | 2.29% | |
| 9 | 合计 | 万元 | 1 638.19 | 100% | |

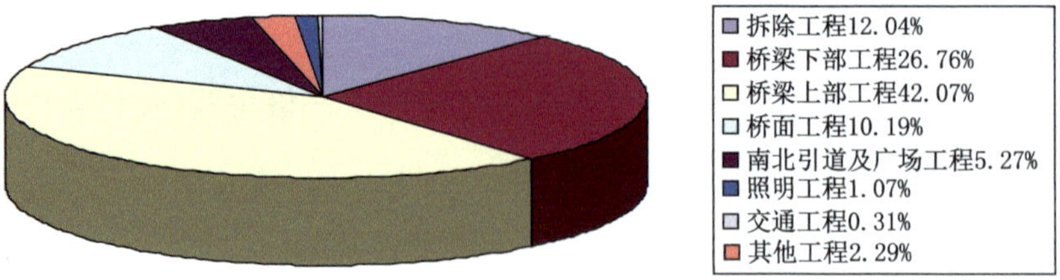


图 5-1　推荐方案工程费用构成饼图

**表 5-3　分部工程估算表(推荐方案)**

分部名称:拆除工程

| 序号 | 项目 | 单位 | 数量 | 单价/元 | 合价/元 |
|---|---|---|---|---|---|
| 1 | 拆除原桥面铺装层(沥青混凝土) | 100 $m^2$ | 25.47 | 348.76 | 8 882.92 |
| 2 | 拆除原桥面铺装层(混凝土有筋) | 100 $m^2$ | 25.47 | 3 521.93 | 89 703.56 |
| 3 | 拆除原桥混凝土-钢组合栏杆 | 10 $m^3$ | 10.90 | 226.18 | 2 465.36 |
| 4 | 拆除原泄水管 | 100 m | 0.42 | 601.58 | 252.66 |
| 5 | 拆除原桥面照明系统(包括灯、部分管线、灯柱基础) | 套 | 22 | 240 | 5 280.00 |
| 6 | 拆除房屋 | 10 $m^3$ | 14.40 | 1 054.99 | 15 191.86 |
| 7 | 拆除钢桁架 | 片 | 24.00 | 18 900 | 453 600.00 |
| 8 | 防震挡块拆除 | 10 $m^3$ | 3.07 | 1 054.99 | 3 238.82 |
| 9 | 拆除物外运 | 1 000 $m^3$ | 1.63 | 28 375.66 | 46 252.33 |
| 10 | 钢桁架外运 | t | 624.00 | 50 | 31 200.00 |
| 11 | 钢桁架回收 | t | 624.00 | −1 000 | −624 000.00 |
| 12 | 拆除人行道板及南北广场铺面砖 | 100 $m^2$ | 13.19 | 58.86 | 776.36 |
| 13 | 拆除南北引道混凝土路面面层 | 100 $m^2$ | 89.28 | 1 865.75 | 166 574.16 |
| 14 | 拆除南北引道混凝土路面基层 | 100 $m^2$ | 89.28 | 287.97 | 25 709.96 |
| 15 | 集水井 | 座 | 2.00 | 1 060.74 | 2 121.48 |
| 16 | 拆除混凝土梁 | 片 | 70.00 | 10 600 | 742 000.00 |
| 17 | 混凝土梁外运 | t | 1 389.36 | 420 | 583 531.20 |
| 18 | 小计 | 元 | | | 1 552 780.67 |
| 19 | 综合取费 | 元 | | | |
| 20 | 工程费用 | 万元 | | | |

**表 5-4　分部工程估算表(推荐方案)**

分部名称:桥梁下部工程

| 序号 | 项目 | 单位 | 数量 | 单价/元 | 合价/元 |
|---|---|---|---|---|---|
| 1 | 桥墩加固 C20 喷射混凝土(8 cm)(分段分层三次喷射) | $m^3$ | 216.7 | 1 660 | 359 722.00 |
| 2 | 桥墩加固Ⅰ钢筋 | t | 9.84 | 4 510 | 44 378.40 |

表5-4(续)

| 序号 | 项目 | 单位 | 数量 | 单价/元 | 合价/元 |
|---|---|---|---|---|---|
| 3 | 桥墩加固Ⅱ钢筋 | t | 4.03 | 4 520 | 18 215.60 |
| 4 | 墩帽加高 C31 混凝土 | 10 $m^3$ | 8.97 | 4 000 | 35 880.00 |
| 5 | 墩帽加高混凝土模板 | 10 $m^2$ | 31.32 | 366.1 | 11 466.25 |
| 6 | 沉井基础加固及护基 C26 混凝土 | 10 $m^3$ | 8.57 | 2 800 | 23 996.00 |
| 7 | 沉井基础加固及护基 C27 混凝土模板 | 10 $m^2$ | 17.98 | 190.14 | 3 418.72 |
| 8 | 沉井基础加固及护基Ⅰ钢筋 | t | 0.53 | 4 510 | 2 390.30 |
| 9 | 沉井基础加固及护基Ⅱ钢筋 | t | 0.32 | 4 520 | 1 446.40 |
| 10 | 沉井基础加固及护基毛石 | 10 $m^3$ | 115.7 | 1 981.78 | 229 291.95 |
| 11 | 沉井基础加固及护基毛石运输 | 1 000 $m^3$ | 1.157 | 32 919.36 | 38 087.70 |
| 12 | 支座垫石 C40 混凝土模板 | 10 $m^3$ | 0.81 | 4 100 | 3 321.00 |
| 13 | 支座垫石 C41 混凝土 | 10 $m^2$ | 2.21 | 463.45 | 1 024.22 |
| 14 | 支座垫石Ⅰ钢筋 | t | 1.03 | 4 510 | 4 645.30 |
| 15 | 支座垫石 GJZF4 板式橡胶支座 | 100 $cm^3$ | 13 524 | 30.9 | 417 891.60 |
| 16 | 抗震挡架Ⅱ钢筋 | t | 0.28 | 4 675.56 | 1 309.16 |
| 17 | 抗震挡架角钢及预埋钢板 | t | 8.791 | 7 360 | 64 701.76 |
| 18 | 打钢管桩 | 10 t | 25.056 | 32 259.56 | 808 295.54 |
| 19 | 组装、拆卸打桩架 | 架次 | 96 | 1 842.78 | 176 906.88 |
| 20 | 钢管支架 | 100 $m^3$ | 10.08 | 6 006.98 | 60 550.36 |
| 21 | 组装、拆卸船排 | 次 | 2 | 181 762.3 | 363 524.60 |
| 22 | 钢丝笼装、卸毛石 | 100 $m^3$ | 11.57 | 4 977.81 | 57 593.26 |
| 23 | 种植钢筋(包括人工凿孔、锚固胶、插钢筋) | 孔 | 3 357 | 145 | 486 765.00 |
| 24 | 修补裂缝 | m | 180 | 244 | 43 920.00 |
| 25 | 人工刷混凝土界面剂 | 100 $m^2$ | 31.68 | 6 108.228 889 | 193 508.69 |
| 26 | 小计 | 元 | | | 3 452 250.68 |
| 27 | 综合取费 | 元 | | | 932 107.68 |
| 28 | 工程费用 | 万元 | | | 438.44 |

**表 5-5　分部工程估算表(推荐方案)**

分部名称:桥梁上部结构

| 序号 | 项目 | 单位 | 数量 | 单价/元 | 合价/元 |
|---|---|---|---|---|---|
| 1 | 人工 | 工日 | 165 | 23.16 | 3 821.4 |
| 2 | 钢筋 | t | 1.01 | 4 046 | 4 086.46 |
| 3 | 钢材 | $m^3$ | 0.09 | 3 328 | 299.52 |
| 4 | 预应力钢绞线 | $m^3$ | 0.48 | 7 000 | 3 360 |
| 5 | 锯材 | $m^3$ | 0.78 | 1 300 | 1 014 |
| 6 | 水泥 | $m^3$ | 5.39 | 288 | 1 552.32 |
| 7 | 砂 | 千块 | 6.18 | 55 | 339.9 |
| 8 | 碎石 | t | 9.12 | 56.94 | 519.292 8 |
| 9 | 其他材料费 | 元 | | | |
| 10 | 材料费小计 | 元 | | | |
| 11 | 机械使用费小计 | 元 | | | |
| 12 | 指标基价 | 元 | | | |
| 13 | 综合取费 | 元 | | | |
| 14 | 指标建安费 | 元 | 4 198.98元/$m^3$ | | 41 990 |
| 15 | 工程费用 | 万元 | | | 689.18 |

**表 5-6　分部工程估算表(推荐方案)**

分部名称:桥面工程

| 序号 | 项目 | 单位 | 数量 | 单价/元 | 合价/元 |
|---|---|---|---|---|---|
| 1 | 人工 | 工日 | 128 | 23.16 | 2 964.48 |
| 2 | 钢筋 | t | 1.3 | 4 046 | 5 259.8 |
| 3 | 钢材 | $m^3$ | 0.7 | 3 328 | 2 329.6 |
| 4 | 锯材 | $m^3$ | 0.6 | 1 300 | 780 |
| 5 | 水泥 | $m^3$ | 5.3 | 288 | 1 526.4 |
| 6 | 砂 | 千块 | 8.25 | 55 | 453.75 |
| 7 | 碎石 | t | 13.29 | 56.94 | 756.732 6 |
| 8 | 沥青混凝土 | $m^3$ | 11.5 | 573.08 | 6 590.42 |

表5-6(续)

| 序号 | 项目 | 单位 | 数量 | 单价/元 | 合价/元 |
|---|---|---|---|---|---|
| 9 | 其他材料费 | 元 | | | 12 355.49 |
| 10 | 材料费小计 | 元 | | | 30 052 |
| 11 | 机械使用费小计 | 元 | | | 1 290 |
| 12 | 指标基价 | 元 | | | 37 307 |
| 13 | 综合取费 | 元 | | | 10 073 |
| 14 | 指标建安费 | 元 | 473.80 元/$m^2$ | | 47 380 |
| 15 | 工程费用 | 万元 | | | 166.95 |

表 5-7 分部工程估算表(推荐方案)

分部名称:南北引道及广场工程

| 序号 | 项目 | 单位 | 数量 | 单价 | 合价/元 |
|---|---|---|---|---|---|
| 1 | 挖土方 | 1 000 $m^3$ | 2.246 | 1 936.86 | 4 350.19 |
| 2 | 土方外运 | 1 000 $m^3$ | 2.089 | 17 302.06 | 36 144.00 |
| 3 | 填土方 | 100 $m^3$ | 1.567 | 835.51 | 1 309.24 |
| 4 | 沥青马蹄脂碎石混合料 | 100 $m^2$ | 17.3 | 7 117.08 | 123 125.48 |
| 5 | 中粒式沥青混凝土 | 100 $m^2$ | 17.3 | 6 898.73 | 119 348.03 |
| 6 | 粗粒式沥青混凝土 | 100 $m^2$ | 17.3 | 7 567.57 | 130 918.96 |
| 7 | 6%水泥稳定砂粒土 | 100 $m^2$ | 17.3 | 6 766.09 | 117 053.36 |
| 8 | 水泥石灰稳定砂砾土 | 100 $m^2$ | 17.3 | 6 694.31 | 115 811.56 |
| 9 | 5 cm 厚 C26 混凝土步砖 | 100 $m^2$ | 6.7 | 2 267.01 | 15 188.97 |
| 10 | 2 cm 厚 1∶2 水泥砂浆卧底 | $m^2$ | 680.1 | 6.47 | 4 400.25 |
| 11 | 25# 道牙混凝土安砌 | 100 m | 2.34 | 3 231.35 | 7 561.36 |
| 12 | 石灰土(12%) | 100 $m^2$ | 6.81 | 861.31 | 5 865.52 |
| 13 | C15 混凝土 | $m^3$ | 2.33 | 202.49 | 471.80 |
| 14 | 小计 | 元 | | | 681 548.72 |
| 15 | 综合取费 | 元 | | | 183 546.47 |
| 16 | 工程费用 | 万元 | | | 86.51 |

**表 5-8　分部工程估算表(推荐方案)**

分部名称:其他工程

| 序号 | 项目 | 数量 | 综合费单价/元 | 合价/元 |
|---|---|---|---|---|
| 1 | 架桥机 120 t | 1 | 165 000 | 165 000.00 |
| 2 | 安全措施费(救生船等) | 1.000 | 210 000 | 210 000.00 |
| 合计 | 万元 | | | 37.50 |

② 工程建设其他费用。

a. 建设单位管理费:按 27.00 万元计取。

b. 工程建设监理费:按 1.80%计取。

c. 前期工作费按(计价格〔1999〕1283 号)文件有关规定计取。

d. 勘察设计费按《工程勘察设计收费管理规定》有关规定计取。

e. 工程保险费按 0.25%计取。

f. 质量监督费按 2.5‰计取。

g. 其余费用均按国家及省市有关规定执行。

工程建设其他费用估算见表 5-9。

**表 5-9　工程建设其他费用估算表(推荐方案)**　　单位:万元

| 序号 | 费用名称 | 计算依据 | 总价 | 备注 |
|---|---|---|---|---|
| 1 | 建设单位管理费 | 工程估算投资 | 27.00 | |
| 2 | 建设监理费 | 工程费用 | 29.49 | |
| 3 | 勘察设计费 | | 106.95 | |
| 3.1 | 前期工作费 | | 18.00 | |
| 3.2 | 勘测费 | | 15.00 | |
| 3.3 | 设计费 | | 68.47 | |
| 3.4 | 施工图预算编制费 | 工程费用 | 5.48 | |
| 4 | 工程保险费 | 工程费用 | 4.10 | |
| 5 | 竣工图编制费 | 工程费用 | 5.48 | |
| 6 | 招投标市场交易服务费 | 工程费用 | 1.80 | |
| 7 | 质量监督费 | 工程费用 | 4.10 | |
| 8 | 研究试验费 | | 10.00 | |
| 9 | 工程审计费 | | 3.28 | |
| | 合计 | | 192.18 | |

③ 预备费计算。

本工程基本预备费按8.00%计算，涨价预备费不计。

④ 建设期贷款利息。

本工程计划贷款1 380.00万元（占工程静态投资的70%），计划建设期为1年，贷款资金按1年（100%投入）、贷款利率按长期贷款利率2%（实际利率）进行计算。经计算，本工程建设期贷款利息为42.23万元。

⑤ 工程总投资。

通过对以上各分项工程建筑安装工程费用的汇总，并根据国家及有关部门的取费标准，兰州市西沙黄河大桥维修加固工程推荐方案总投资为2 019.03万元。

推荐方案工程总投资估算汇总见表5-10，其构成饼图如图5-2所示。总投资估算见表5-11。

**表5-10　推荐方案工程总投资估算汇总表**

| 序号 | 项目 | 单位 | 金额 | 比例/% |
|---|---|---|---|---|
| 1 | 建筑安装工程费用 | 万元 | 1 638.19 | 81.14 |
| 2 | 工程建设其他费用 | 万元 | 192.18 | 18.86 |
| 3 | 预备费 | 万元 | 146.43 | |
| 4 | 建设期贷款利息 | 万元 | 42.23 | |
| 5 | 工程总投资 | 万元 | 2 019.03 | 100.00 |

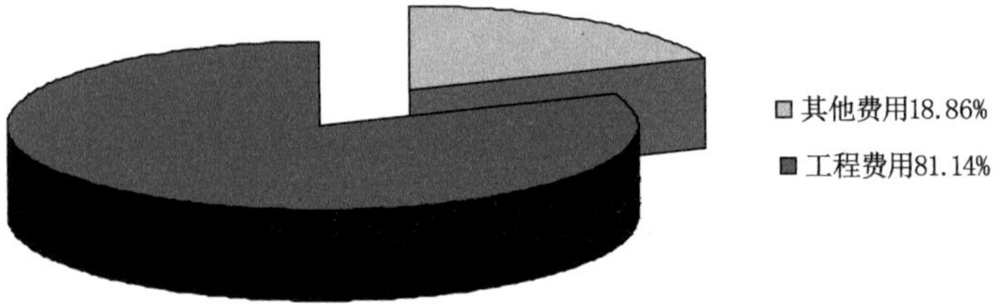


图5-2　工程总投资构成饼图（推荐方案）

表 5-11　总投资估算表(推荐方案)

工程名称：兰州市西沙黄河大桥维修加固工程

| 序号 | 项目 | 单位 | 估算金额 | | | | 技术经济指标/元 | | | 占总投资比例 | 备注 |
|---|---|---|---|---|---|---|---|---|---|---|---|
| | | | 工程费用 | 设备工、器具购置费 | 其他费用 | 合计 | 单位 | 数量 | 指标 | | |
| | 第一部分：建筑安装工程费用 | 万元 | 1 638.19 | | | 1 638.19 | 桥长米 | 320.33 | 51 141 | 81.14% | |
| 1 | 拆除工程 | 万元 | 197.19 | | | 197.19 | 桥长米 | 320.33 | 6 156 | 9.77% | |
| 2 | 桥梁下部工程 | 万元 | 438.44 | | | 438.44 | 桥长米 | 320.33 | 13 687 | 21.72% | |
| 3 | 桥梁上部工程 | 万元 | 689.18 | | | 689.18 | 桥长米 | 320.33 | 21 515 | 34.13% | |
| 4 | 桥面工程 | 万元 | 166.95 | | | 166.95 | 桥长米 | 320.33 | 5 212 | 8.27% | |
| 5 | 南北引道及广场工程 | 万元 | 86.33 | | | 86.33 | 桥长米 | 320.33 | 2 695 | 4.28% | |
| 6 | 其他工程 | 万元 | 37.50 | | | 37.50 | 桥长米 | 320.33 | 1 171 | 1.86% | |
| 7 | 照明工程 | 万元 | 17.60 | | | 17.60 | 桥长米 | 320.33 | 549 | 0.87% | |
| 8 | 交通工程 | 万元 | 5.00 | | | 5.00 | 桥长米 | 320.33 | 156 | 0.25% | |
| | 第二部分：工程建设其他费用 | 万元 | | | 192.18 | 192.18 | 桥长米 | 320.33 | 6 000 | 9.52% | |
| 1 | 建设单位管理费 | 万元 | | | 27.00 | 27.00 | 桥长米 | 320.33 | 843 | 1.34% | |
| 2 | 建设监理费 | 万元 | | | 29.49 | 29.49 | 桥长米 | 320.33 | 921 | 1.46% | |
| 3 | 勘察设计费 | 万元 | | | 106.95 | 106.95 | 桥长米 | 320.33 | 3 339 | 5.30% | |

表5-11(续)

| 序号 | 项目 | 单位 | 估算金额 | | | | 技术经济指标/元 | | | 占总投资比例 | 备注 |
|---|---|---|---|---|---|---|---|---|---|---|---|
| | | | 工程费用 | 设备工、器具购置费 | 其他费用 | 合计 | 单位 | 数量 | 指标 | | |
| 3.1 | 前期工作费 | 万元 | | | 18.00 | 18.00 | 桥长米 | 320.33 | 562 | 0.89% | |
| 3.2 | 勘测费 | 万元 | | | 15.00 | 15.00 | 桥长米 | 320.33 | 468 | 0.74% | |
| 3.3 | 设计费 | 万元 | | | 68.47 | 68.47 | 桥长米 | 320.33 | 2 138 | 3.39% | |
| 3.4 | 施工图预算编制费 | 万元 | | | 5.48 | 5.48 | 桥长米 | 320.33 | 171 | 0.27% | |
| 4 | 工程保险费 | 万元 | | | 4.10 | 4.10 | 桥长米 | 320.33 | 128 | 0.20% | |
| 5 | 竣工图编制费 | 万元 | | | 5.48 | 5.48 | 桥长米 | 320.33 | 171 | 0.27% | |
| 6 | 招投标市场交易服务费 | 万元 | | | 1.80 | 1.80 | 桥长米 | 320.33 | 56 | 0.09% | |
| 7 | 质量监督费 | 万元 | | | 4.10 | 4.10 | 桥长米 | 320.33 | 123 | 0.20% | |
| 8 | 研究试验费 | 万元 | | | 10.00 | 10.00 | 桥长米 | 320.33 | 312 | 0.50% | |
| 9 | 工程审计费 | 万元 | | | 3.28 | 3.28 | 桥长米 | 320.33 | 102 | 0.16% | |
| | 以上三部分费用合计 | 万元 | | | | 1 830.37 | 桥长米 | 320.33 | 57 140 | 90.66% | |
| | 基本预备费 | 万元 | | | 146.43 | 146.43 | 桥长米 | 320.33 | 4 571 | 7.25% | |
| | 建设期贷款利息 | 万元 | | | 42.23 | 42.23 | 桥长米 | 320.33 | 1 318 | 2.09% | |
| | 工程投资 | 万元 | 1 638.19 | 0.00 | 380.84 | 2 019.03 | 桥长米 | 320.33 | 63 030 | 100.00% | |

⑥ 材料消耗及汇总。

该工程材料汇总计算根据本工程所涉及单位工程数量，根据《全国统一市政工程预算定额》中所列分项工程主要消耗材料，计算材料定额消耗量，并将其进行汇总，根据相应的工程数量计算得该项目消耗材料的数量。具体计算结果见表 5-12。

**表 5-12　主要人工、材料汇总表**

| 序号 | 名称 | 单位 | 数量 | 备注 |
|---|---|---|---|---|
| 1 | 人工 | 工日 | 132 700 | |
| 2 | 板方材 | $m^3$ | 165 | |
| 3 | 钢筋 | t | 275 | |
| 4 | 钢材 | t | 25 | |
| 5 | 水泥 | t | 1 150 | |
| 6 | 石油沥青 | t | 62 | |

(2) 比选方案投资估算

① 建筑安装工程费用。

本工程比选方案(方案一)分部工程有：拆除工程、桥梁下部工程、桥梁上部工程、桥面工程、南北引道及广场工程、照明工程、交通工程及其他工程。其中，南北引道及广场工程、照明工程、交通工程及其他工程同推荐方案。比选方案工程费用合计为 1 112.28 万元。

比选方案工程费用汇总见表 5-13，其构成饼图如图 5-3 所示。费用详细计算见表 5-14～表 5-17。

**表 5-13　比选方案工程费用汇总表**

| 序号 | 分部工程名称 | 单位 | 金额 | 所占比例 | 备注 |
|---|---|---|---|---|---|
| 1 | 拆除工程 | 万元 | 29.10 | 2.62% | |
| 2 | 桥梁下部工程 | 万元 | 392.28 | 35.27% | |
| 3 | 桥梁上部工程 | 万元 | 371.27 | 33.38% | |

表5-13(续)

| 序号 | 分部工程名称 | 单位 | 金额 | 所占比例 | 备注 |
|---|---|---|---|---|---|
| 4 | 桥面工程 | 万元 | 173.20 | 15.57% | |
| 5 | 南北引道及广场工程 | 万元 | 86.33 | 7.76% | |
| 6 | 照明工程 | 万元 | 17.60 | 1.58% | |
| 7 | 交通工程 | 万元 | 5.00 | 0.45% | |
| 8 | 其他工程 | 万元 | 37.50 | 3.37% | |
| 9 | 合计 | 万元 | 1 112.28 | 100% | |

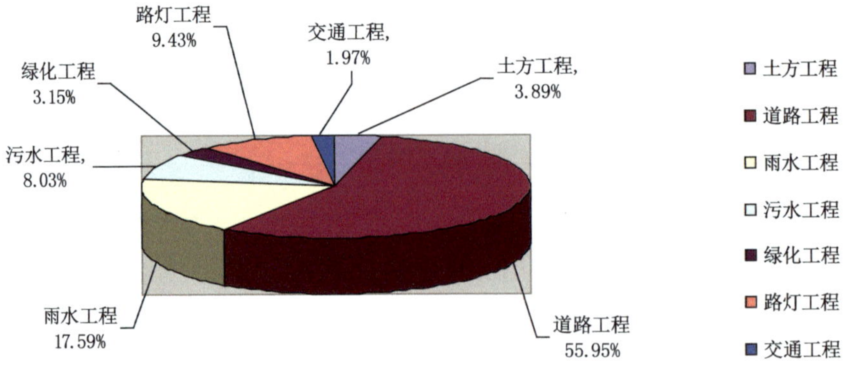


图 5-3　比选方案工程费用构成饼图

表 5-14　分部工程估算表(比选方案)

分部名称:拆除工程

| 序号 | 项目 | 单位 | 数量 | 单价/元 | 合价/元 |
|---|---|---|---|---|---|
| 1 | 拆除原桥面铺装层(沥青混凝土) | 100 $m^2$ | 25.47 | 348.76 | 8 882.92 |
| 2 | 拆除原桥面铺装层(混凝土有筋) | 100 $m^2$ | 25.47 | 3 521.93 | 89 703.56 |
| 3 | 拆除原桥混凝土-钢组合栏杆 | 10 $m^3$ | 10.90 | 226.18 | 2 465.36 |
| 4 | 拆除原泄水管 | 100 m | 0.42 | 601.58 | 252.66 |
| 5 | 拆除原桥面照明系统(包括灯、部分管线、灯柱基础) | 套 | 22.00 | 240.00 | 5 280.00 |

表5-14(续)

| 序号 | 项目 | 单位 | 数量 | 单价/元 | 合价/元 |
|---|---|---|---|---|---|
| 6 | 拆除房屋 | 10 $m^3$ | 14.40 | 1 054.99 | 15 191.86 |
| 7 | 拆除钢桁梁 | 片 | 24.00 | 18 900 | 453 600.00 |
| 8 | 拆除物外运 | 1 000 $m^3$ | 1.625 | 28 375.66 | 46 110.45 |
| 9 | 钢桁梁外运 | t | 624.00 | 50.00 | 31 200.00 |
| 10 | 钢桁梁回收 | t | 624.00 | −1 000 | −624 000.00 |
| 11 | 拆除人行道板及南北广场铺面砖 | 100 $m^2$ | 13.19 | 58.86 | 776.36 |
| 12 | 拆除南北引道混凝土路面面层 | 100 $m^2$ | 89.28 | 1 865.75 | 166 574.16 |
| 13 | 拆除南北引道混凝土路面基层 | 100 $m^2$ | 89.28 | 287.97 | 25 709.96 |
| 14 | 集水井 | 座 | 2 | 1 060.74 | 2 121.48 |
| 15 | 小计 | 元 | | | 223 868.77 |
| 16 | 综合取费 | 元 | | | 67 160.63 |
| 17 | 工程费用 | 万元 | | | 29.10 |

## 表5-15　分部工程估算表(比选方案)

分部名称:桥梁下部工程

| 序号 | 项目 | 单位 | 数量 | 单价/元 | 合价/元 |
|---|---|---|---|---|---|
| 1 | 桥墩加固C20喷射混凝土(8 cm)(分段分层三次喷射) | $m^3$ | 216.7 | 1 660 | 359 722 |
| 2 | 桥墩加固Ⅰ钢筋 | t | 9.84 | 4 510 | 44 378.4 |
| 3 | 桥墩加固Ⅱ钢筋 | t | 4.03 | 4 520 | 18 215.6 |
| 4 | 沉井基础加固及护基C25混凝土 | 10 $m^3$ | 8.57 | 2 800 | 23 996 |
| 5 | 沉井基础加固及护基C25混凝土模板 | 10 $m^2$ | 17.98 | 190.14 | 3 418.72 |
| 6 | 沉井基础加固及护基Ⅰ钢筋 | t | 0.53 | 4 510 | 2 390.3 |
| 7 | 沉井基础加固及护基Ⅱ钢筋 | t | 0.32 | 4 520 | 1 446.4 |
| 8 | 沉井基础加固及护基毛石 | 10 $m^3$ | 115.7 | 1 981.78 | 229 291.95 |
| 9 | 沉井基础加固及护基毛石运输 | 1 000 $m^3$ | 1.157 | 32 919.36 | 38 087.7 |
| 10 | 支座垫石C40混凝土 | 10 $m^3$ | 0.629 | 4 100 | 2 578.9 |

表5-15(续)

| 序号 | 项目 | 单位 | 数量 | 单价/元 | 合价/元 |
|---|---|---|---|---|---|
| 11 | 支座垫石C40混凝土模板 | 10 $m^2$ | 2.21 | 463.45 | 1 024.22 |
| 12 | 支座垫石Ⅰ钢筋 | t | 0.44 | 5 004.04 | 2 201.78 |
| 13 | 支座垫石GJZF4板式橡胶支座 | 100 $cm^3$ | 4 704 | 30.9 | 145 353.6 |
| 14 | 抗震挡架Ⅱ钢筋 | t | 0.11 | 4 675.56 | 514.31 |
| 15 | 抗震挡架角钢及预埋钢板 | t | 3.419 | 7 360 | 25 163.84 |
| 16 | 打钢管桩 | 10 t | 25.06 | 32 259.56 | 808 295.54 |
| 17 | 组装、拆卸打桩架 | 架次 | 96 | 1 842.78 | 176 906.88 |
| 18 | 钢管支架 | 100 $m^3$ | 10.08 | 6 006.98 | 60 550.36 |
| 19 | 组装、拆卸船排 | 次 | 2 | 181 762.3 | 363 524.6 |
| 20 | 钢丝笼装、卸毛石 | 100 $m^3$ | 11.57 | 4 977.81 | 57 593.26 |
| 21 | 种植钢筋(包括人工凿孔、锚固胶、插钢板) | 孔 | 3 357 | 145 | 486 765 |
| 22 | 修补裂缝 | m | 180 | 244 | 43 920 |
| 23 | 人工刷混凝土界面剂 | 100 $m^2$ | 31.68 | 6 108.23 | 193 508.69 |
| 24 | 小计 | 元 | | | 3 088 848 |
| 25 | 综合取费 | 元 | | | 833 988.97 |
| 26 | 工程费用 | 万元 | | | 392.28 |

表5-16 分部工程估算表(比选方案)

分部名称:桥梁上部工程

| 序号 | 项目 | 单位 | 数量 | 单价/元 | 合价/元 |
|---|---|---|---|---|---|
| 1 | 人工 | 工日 | 165.00 | 23.16 | 3 821.40 |
| 2 | 钢筋 | t | 1.01 | 4 046 | 4 086.46 |
| 3 | 钢材 | $m^3$ | 0.09 | 3 328 | 299.52 |
| 4 | 预应力钢绞线 | $m^3$ | 0.48 | 7 000 | 3 360.00 |
| 5 | 锯材 | $m^3$ | 0.78 | 1 300 | 1 014.00 |
| 6 | 水泥 | $m^3$ | 5.39 | 288 | 1 552.32 |
| 7 | 砂 | 千块 | 6.18 | 55 | 339.90 |
| 8 | 碎石 | t | 9.12 | 56.94 | 519.29 |

表5-16(续)

| 序号 | 项目 | 单位 | 数量 | 单价/元 | 合价/元 |
|---|---|---|---|---|---|
| 9 | 其他材料费 | 元 | | | 3 195.50 |
| 10 | 材料费小计 | 元 | | | 14 367 |
| 11 | 机械使用费小计 | 元 | | | 14 874 |
| 12 | 指标基价 | 元 | | | 33 063 |
| 13 | 综合取费 | 元 | | | 8 927 |
| 14 | 指标建安费 | 元 | 4 198.98 元/$m^3$ | | 41 990 |
| 15 | 工程费用 | 万元 | | | 241.27 |
| 16 | T 梁加固 | 万元 | | | 130 |
| 17 | 合计 | 万元 | | | 371.27 |

**表 5-17　分部工程估算表(比选方案)**

分部名称:桥面工程

| 序号 | 项目 | 单位 | 数量 | 单价/元 | 合价/元 |
|---|---|---|---|---|---|
| 1 | 人工 | 工日 | 128.00 | 23.16 | 2 964.48 |
| 2 | 钢筋 | t | 1.30 | 4 046 | 5 259.80 |
| 3 | 钢材 | $m^3$ | 0.70 | 3 328 | 2 329.60 |
| 4 | 锯材 | $m^3$ | 0.60 | 1 300 | 780.00 |
| 5 | 水泥 | $m^3$ | 5.30 | 288 | 1 526.40 |
| 6 | 砂 | 千块 | 8.25 | 55 | 453.75 |
| 7 | 碎石 | t | 13.29 | 56.94 | 756.73 |
| 8 | 沥青混凝土 | $m^3$ | 11.50 | 573.08 | 6 590.42 |
| 9 | 其他材料费 | 元 | | | 13 591.04 |
| 10 | 材料费小计 | 元 | | | 31 288 |
| 11 | 机械使用费小计 | 元 | | | 4 451 |
| 12 | 指标基价 | 元 | | | 38 703 |
| 13 | 综合取费 | 元 | | | 10 450 |
| 14 | 指标建安费 | 元 | 491.53 元/$m^2$ | | 49 153 |
| 15 | 工程费用 | 万元 | | | 173.20 |

② 工程建设其他费用。

比选方案工程建设其他费用计取依据及标准同推荐方案。

③ 预备费计算。

本工程基本预备费按8.00%计算，涨价预备费不计。

④ 建设期贷款利息。

本工程计划贷款950.00万元(占工程静态投资的70%)，计划建设期为1年，贷款资金按1年(100%投入)、贷款利率按长期贷款利率6.12%(实际利率)进行计算。经计算，本工程建设期贷款利息为29.07万元。

⑤ 工程总投资。

通过以上各分项工程建筑安装工程费用的汇总，并根据国家及有关部门的取费标准，兰州市西沙黄河大桥维修加固工程比选方案总投资为1 387.64万元。

比选方案工程投资估算汇总见表5-18，其构成饼图如图5-4所示。总投资估算见表5-19。

**表5-18 工程总投资估算汇总表(比选方案)**

| 序号 | 项目 | 单位 | 金额 | 比例/% |
|---|---|---|---|---|
| 1 | 建筑安装工程费用 | 万元 | 1 112.28 | 80.16 |
| 3 | 工程建设其他费用 | 万元 | 145.66 | 19.84 |
| 3 | 预备费 | 万元 | 100.64 | |
| 4 | 建设期贷款利息 | 万元 | 29.07 | |
| 5 | 工程总投资 | 万元 | 1 387.64 | 100.00 |

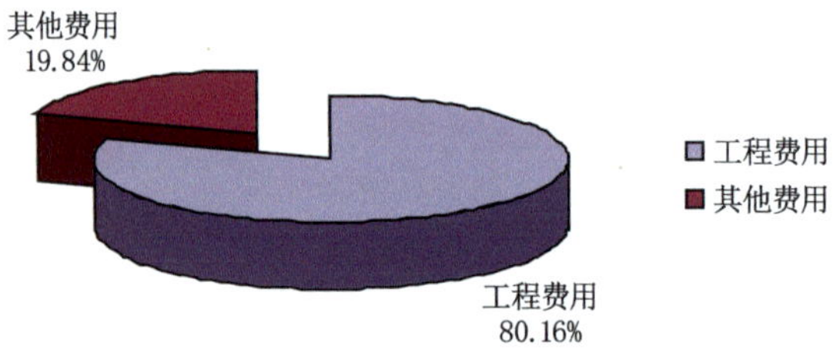


图5-4 工程总投资构成饼图(比选方案)

**表 5-19　总投资估算表(比选方案)**

工程名称:兰州市西沙黄河大桥维修加固工程

| 序号 | 项目 | 单位 | 估算金额 | | | | 技术经济指标/元 | | | 占总投资比例 | 备注 |
|---|---|---|---|---|---|---|---|---|---|---|---|
| | | | 工程费用 | 设备工、器具购置费 | 其他费用 | 合计 | 单位 | 数量 | 指标 | | |
| | 第一部分:建筑安装工程费用 | 万元 | 1 112.28 | | | 1 112.28 | 桥长米 | 320.33 | 34 723 | 80.16% | |
| 1 | 拆除工程 | 万元 | 29.10 | | | 29.10 | 桥长米 | 320.33 | 908 | 2.10% | |
| 2 | 桥梁下部工程 | 万元 | 392.28 | | | 392.28 | 桥长米 | 320.33 | 12 246 | 28.27% | |
| 3 | 桥梁上部工程 | 万元 | 371.27 | | | 371.27 | 桥长米 | 320.33 | 11 590 | 26.76% | |
| 4 | 桥面工程 | 万元 | 173.20 | | | 173.20 | 桥长米 | 320.33 | 5 407 | 12.48% | |
| 5 | 南北引道及广场工程 | 万元 | 86.33 | | | 86.33 | 桥长米 | 320.33 | 2 695 | 6.22% | |
| 6 | 其他工程 | 万元 | 37.50 | | | 37.50 | 桥长米 | 320.33 | 1 171 | 2.70% | |
| 7 | 照明工程 | 万元 | 17.60 | | | 17.60 | 桥长米 | 320.33 | 549 | 1.27% | |
| 8 | 交通工程 | 万元 | 5.00 | | | 5.00 | 桥长米 | 320.33 | 156 | 0.36% | |
| | 第二部分:工程建设其他费用 | 万元 | | | 145.66 | 145.66 | 桥长米 | 320.33 | 4 547 | 10.50% | |
| 1 | 建设单位管理费 | 万元 | | | 20.00 | 20.00 | 桥长米 | 320.33 | 624 | 1.44% | |
| 2 | 建设监理费 | 万元 | | | 20.02 | 20.02 | 桥长米 | 320.33 | 625 | 1.44% | |
| 3 | 勘察设计费 | 万元 | | | 82.72 | 82.72 | 桥长米 | 320.33 | 2 582 | 5.96% | |

表5-19(续)

| 序号 | 项目 | 单位 | 估算金额 | | | | 技术经济指标/元 | | | 占总投资比例 | 备注 |
|---|---|---|---|---|---|---|---|---|---|---|---|
| | | | 工程费用 | 设备工、器具购置费 | 其他费用 | 合计 | 单位 | 数量 | 指标 | | |
| 3.1 | 前期工作费 | 万元 | | | 15.00 | 15.00 | 桥长米 | 320.33 | 468 | 1.08% | |
| 3.2 | 勘测费 | 万元 | | | 15.00 | 15.00 | 桥长米 | 320.33 | 468 | 1.08% | |
| 3.3 | 设计费 | 万元 | | | 48.82 | 48.82 | 桥长米 | 320.33 | 1 524 | 3.52% | |
| 3.4 | 施工图预算编制费 | 万元 | | | 3.91 | 3.91 | 桥长米 | 320.33 | 122 | 0.28% | |
| 4 | 工程保险费 | 万元 | | | 2.78 | 2.78 | 桥长米 | 320.33 | 87 | 0.20% | |
| 5 | 竣工图编制费 | 万元 | | | 3.91 | 3.91 | 桥长米 | 320.33 | 122 | 0.28% | |
| 6 | 招投标市场交易服务费 | 万元 | | | 1.22 | 1.22 | 桥长米 | 320.33 | 38 | 0.09% | |
| 7 | 质量监督费 | 万元 | | | 2.78 | 2.78 | 桥长米 | 320.33 | 87 | 0.20% | |
| 8 | 研究试验费 | 万元 | | | 10.00 | 10.00 | 桥长米 | 320.33 | 312 | 0.72% | |
| 9 | 工程审计费 | 万元 | | | 2.22 | 2.22 | 桥长米 | 320.33 | 69 | 0.16% | |
| | 以上三部分费用合计 | 万元 | | | | 1 257.94 | 桥长米 | 320.33 | 39 270 | 90.66% | |
| | 基本预备费 | 万元 | | | 100.64 | 100.64 | 桥长米 | 320.33 | 3 142 | 7.25% | |
| | 建设期贷款利息 | 万元 | | | 29.07 | 29.07 | 桥长米 | 320.33 | 908 | 2.09% | |
| | 工程投资 | 万元 | 1 112.28 | 0.00 | 275.36 | 1 387.64 | 桥长米 | 320.33 | 43 319 | 100.00% | |

⑥ 材料消耗及汇总。

该工程材料汇总计算根据本工程所涉及单位工程数量，根据《全国统一市政工程预算定额》中所列分项工程主要消耗材料，计算材料定额消耗量，并将其进行汇总，根据相应的工程数量计算得该项目消耗材料的数量。具体计算结果见表 5-20。

**表 5-20　主要人工、材料汇总表**

| 序号 | 名称 | 单位 | 数量 | 备注 |
|---|---|---|---|---|
| 1 | 人工 | 工日 | 97 000 | |
| 2 | 板方材 | $m^3$ | 105 | |
| 3 | 钢筋 | t | 173 | |
| 4 | 钢材 | t | 70 | |
| 5 | 水泥 | t | 550 | |
| 6 | 石油沥青 | t | 62 | |

## 5.4　资金筹措

本工程推荐方案工程估算总投资为 2 019.03 万元(其中，工程静态投资总额为 1 976.80 万元)，结合兰州市地方财政状况，本项目资金筹措计划为：争取银行贷款资金 1 380 万元(约占工程静态投资的 70%)，地方财政自筹资金 596.80 万元(约占工程静态投资的 30%)，如图 5-5 所示。比选方案资金筹措比例同推荐方案。

建议资金按工程建设期按时分配到位，确保工程项目的顺利实施。

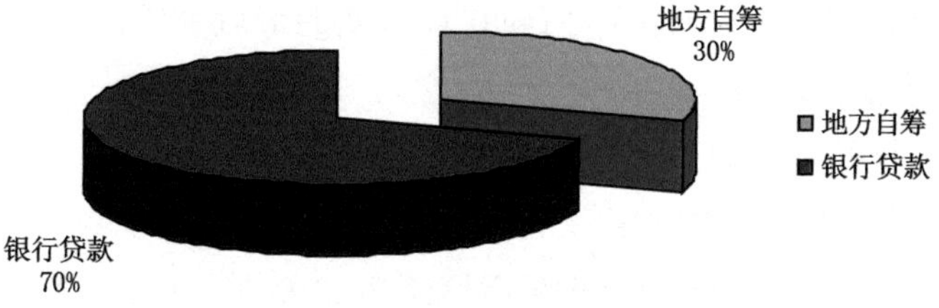


图 5-5　本项目资金筹措计划

# 第6章　西沙黄河大桥维修加固经济评价

由于兰州市西沙黄河大桥维修加固工程未涉及财务收入方面的内容，所以只对该项目推荐方案进行国民经济评价[34-37]。

## 6.1　评价参数

(1) 计算期

计算期包括建设期及建设后的预测年限(运营期)。本工程计划2005年年初开始，工期为1年，2005年年底完工。项目建设后预测使用20年，评价计算期则为21年，即2005—2025年。

(2) 社会折现率

本方案评价按《建设项目评价方法与参数》(计设资〔1993〕530号)的相关规定，取社会折现率为12%。

(3) 计算残值

本方案国民经济评价的残值按工程建设期费用(影子价格)50%计算，同时以正值形式在效益中计入，回收在计算期的最后一年。

(4) 计算影子价格

① 人工费影子价格。

人工费影子价格调整系数受兰州市地方劳动力状况、结构和就业水平影响，根据此项目特点，选择专业队伍职工占比60%、民工占比40%进行计算，取$CF_2=0.80$。影子价格为18.53元/工日。

② 主要材料影子价格。

本方案需要对木材、钢材、水泥、沥青等主要材料进行价格调整。其中，木材和钢材为外贸货物，其影子价格由口岸价加上国内贸易费用与国内运费组成。水泥和沥青为非外贸货物，其影子价格由出厂影子价格加国内运费及贸易费组成。主要材料影子价格计算见表 6-1。

**表 6-1　主要材料影子价格计算表**

| 材料名称及计量单位 | 供应地 | 口岸价或出厂价/元 | 平均运距/km | | 运费/[元/(t·km)] | | 货运影子价格系数 | | 贸易费用率 | 影子价格/元 |
|---|---|---|---|---|---|---|---|---|---|---|
| | | | 铁路 | 公路 | 铁路 | 公路 | 铁路 | 公路 | | |
| 原木/$m^3$ | 连云港 | 1 100 | 1 600 | 25 | 0.08 | 0.45 | 1.84 | 1.26 | 6% | 1 415.7 |
| 钢筋/t | 连云港 | 3 800 | 1 600 | 25 | 0.08 | 0.45 | 1.84 | 1.26 | 6% | 4 277.7 |
| 钢材/t | 连云港 | 3 200 | 1 600 | 25 | 0.08 | 0.45 | 1.84 | 1.26 | 6% | 3 641.7 |
| 水泥/t | 兰州 | 260 | | 15 | 0.08 | 0.45 | 1.84 | 1.26 | 6% | 284.11 |
| 沥青/t | 兰州 | 1 288 | | 15 | 0.08 | 0.45 | 1.84 | 1.26 | 6% | 1 916.51 |

## 6.2　项目经济费用的调整

本工程建设费用调整是以工程建设投资估算作为基础，参考《建设项目评价方法与参数》(计投资〔1993〕530 号)的有关规定，根据影子价格的概念，按工程建设所需钢材、木材、水泥等主要材料的价格等调整为影子价格，采用影子价格对本工程的经济费用进行计算。

(1) 调整建筑安装工程费用

本项目对国民经济评价工程费用进行的调整，是根据工程消耗的人工、三材和沥青的影子价格费用及剔除国民经济中内部转移的费用(税金)进行的。

(2) 调整设备费用

本项目建设未涉及国民经济内部转移的设备及有关国外进口的设备，故本次评价无此项费用的调整。

(3) 调整土地影子费用

本项目未涉及征地拆迁有关项目,故此项费用不做调整。

(4) 调整工程建设其他费用

本项目建设其他费用影子价格采用的换算系数为 1.00。

(5) 调整预备费

本项目基本预备费依据建筑安装工程费用的综合折减系数进行调整。

(6) 调整建设期贷款利息

影子价格调整中剔除建设期贷款利息。

(7) 调整工程项目总投资影子费用

在上面几部分影子费用调整的基础上,将本项目投资影子价格调整为 1 865.98 万元。

调整结果见表 6-2。

**表 6-2　建设费用调整表**

| 费用名称 | 单位 | 数量 | 估算单价/元 | 估算费用/万元 | 影子价格或系数 | 经济费用/万元 |
|---|---|---|---|---|---|---|
| 第一部分建安费合计 | 元 | | | 1 638.19 | 0.938 | 1 536.45 |
| 人工 | 工日 | 132 700 | 23.16 | 307.33 | 18.53 | 245.89 |
| 木材 | $m^3$ | 165 | 1 300 | 21.45 | 1 415.7 | 23.36 |
| 钢筋 | t | 275 | 4 046 | 111.27 | 4 277.7 | 117.64 |
| 钢材 | t | 25 | 3 328 | 8.32 | 3 641.7 | 9.1 |
| 水泥 | t | 1 150 | 288 | 33.12 | 284.11 | 32.67 |
| 沥青 | t | 62 | 1 880 | 11.66 | 1 916.51 | 11.88 |
| 税金 | 元 | | | 49.15 | 0 | 0 |
| 其他费用 | 元 | | | 1 095.9 | 1 | 1 095.9 |
| 第二部分其他费合计 | 元 | | | 192.18 | 1 | 192.18 |
| 基本预备费 | 元 | | | 146.43 | 0.938 | 137.35 |
| 建设期贷款利息 | 元 | | | 42.23 | 0 | 0 |
| 工程估算总投资 | 元 | | | 2 019.03 | | 1 865.98 |

## 6.3　运营期费用的计算及调整

(1) 道路养护费

本工程日常道路养护费用按工程建成后 5.00 万元/年计算，并以递增 2%计算。

养护影子价格换算系数取 0.938(建筑安装工程影子价格综合调整系数)。

(2) 修理费

本工程大修按每十年进行一次，中修每五年进行一次，有大修时不计中修。大修工程费以养护费用的 10 倍计列，中修工程费以养护费用的 5 倍计列。计算年份从项目全部竣工建成开始，即从 2006 年开始。

(3) 工资及福利

本工程建成后日常维护及管理人员按 2 人考虑，年工资涨幅按 10%计算，2006 年工资及福利为：

$$2\times800\times12=1.92\ (\text{万元/年})$$

此项费用影子价格换算按人工费用影子价格换算系数(0.80)调整。

(4) 路灯电费

根据本工程所涉及建设规模，根据相关项目的技术经济指标估算项目建成后预计年用电电费为 0.276 元/(kW · h)，故用电影子价格为 0.55 万元/年。

道路运营期经济费用调整汇总见表 6-3。

**表 6-3　运营期费用汇总表**　　单位：万元

| 年度 | 财务费用 | | | | 经济费用 | | | | |
|---|---|---|---|---|---|---|---|---|---|
| | 养护费及小修理费 | 修理费(大、中) | 道路管理费 | 电费 | 养护费及小修理费 | 修理费(大、中) | 道路管理费 | 电费 | 合计 |
| 2006 | 5.00 | 0.00 | 1.92 | 0.74 | 4.69 | 0.00 | 1.54 | 0.55 | 6.78 |
| 2007 | 5.10 | 0.00 | 2.11 | 0.74 | 4.78 | 0.00 | 1.69 | 0.55 | 7.03 |

表6-3(续)

| 年度 | 财务费用 | | | | 经济费用 | | | | |
|---|---|---|---|---|---|---|---|---|---|
| | 养护费及小修理费 | 修理费（大、中） | 道路管理费 | 电费 | 养护费及小修理费 | 修理费（大、中） | 道路管理费 | 电费 | 合计 |
| 2008 | 5.20 | 0.00 | 2.32 | 0.74 | 4.88 | 0.00 | 1.86 | 0.55 | 7.29 |
| 2009 | 5.31 | 0.00 | 2.56 | 0.74 | 4.98 | 0.00 | 2.04 | 0.55 | 7.58 |
| 2010 | 5.41 | 27.06 | 2.81 | 0.74 | 5.08 | 25.38 | 2.25 | 0.55 | 33.26 |
| 2011 | 5.52 | 0.00 | 3.09 | 0.74 | 5.18 | 0.00 | 2.47 | 0.55 | 8.21 |
| 2012 | 5.63 | 0.00 | 3.40 | 0.74 | 5.28 | 0.00 | 2.72 | 0.55 | 8.56 |
| 2013 | 5.74 | 0.00 | 3.74 | 0.74 | 5.39 | 0.00 | 2.99 | 0.55 | 8.93 |
| 2014 | 5.86 | 0.00 | 4.12 | 0.74 | 5.50 | 0.00 | 3.29 | 0.55 | 9.34 |
| 2015 | 5.98 | 59.75 | 4.53 | 0.74 | 5.60 | 56.05 | 3.62 | 0.55 | 65.83 |
| 2016 | 6.09 | 0.00 | 4.98 | 0.74 | 5.72 | 0.00 | 3.98 | 0.55 | 10.26 |
| 2017 | 6.22 | 0.00 | 5.48 | 0.74 | 5.83 | 0.00 | 4.38 | 0.55 | 10.77 |
| 2018 | 6.34 | 0.00 | 6.03 | 0.74 | 5.95 | 0.00 | 4.82 | 0.55 | 11.32 |
| 2019 | 6.47 | 0.00 | 6.63 | 0.74 | 6.07 | 0.00 | 5.30 | 0.55 | 11.92 |
| 2020 | 6.60 | 32.99 | 7.29 | 0.74 | 6.19 | 30.94 | 5.83 | 0.55 | 43.52 |
| 2021 | 6.73 | 0.00 | 8.02 | 0.74 | 6.31 | 0.00 | 6.42 | 0.55 | 13.28 |
| 2022 | 6.86 | 0.00 | 8.82 | 0.74 | 6.44 | 0.00 | 7.06 | 0.55 | 14.05 |
| 2023 | 7.00 | 0.00 | 9.70 | 0.74 | 6.57 | 0.00 | 7.76 | 0.55 | 14.88 |
| 2024 | 7.14 | 0.00 | 10.68 | 0.74 | 6.70 | 0.00 | 8.53 | 0.55 | 15.79 |
| 2025 | 7.28 | 72.84 | 11.74 | 0.74 | 6.83 | 68.32 | 9.39 | 0.55 | 85.10 |

## 6.4 项目经济效益分析

假设兰州市西沙黄河大桥维修加固工程建设完成后，机动车辆将减少绕行，故使用者会获得的效益有：降低运输（客、货）费用的效益、节省时间产生的效益。本项目经济评价只针对降低运输费用的效益、节省时间产生的效益进行分析。

（1）汽车营运成本分析

车辆运输费用由燃料费、润滑油费、轮胎磨耗费、车辆折旧费、保养修理费、保险费及固定费用等构成。本次评价采用上海市政研究院 1986 年建立的车辆运输成本模型，见表 6-4。

**表 6-4　车辆运输成本模型**

| 车型 | 运输成本模型 | 备注 |
| --- | --- | --- |
| 中、小客车 | $C = 2\ 313.45v^{-0.534\ 648}(1+r)^{T-1987}$ | $v$——车速，km/h；<br>$C$——车辆运输成本，元/[千车・km]；<br>$r$——通货膨胀率（即涨价系数），按 6% 计算；<br>$T$——计算年份。 |
| 大型客车 | $C = 2\ 675.41v^{-0.358\ 008}(1+r)^{T-1987}$ | |
| 中、小货车 | $C = 2\ 819.43v^{-0.380\ 216}(1+r)^{T-1987}$ | |
| 大型货车 | $C = 3\ 003.98v^{-0.406\ 760}(1+r)^{T-1987}$ | |

（2）运输费用降低效益

运输费用降低效益是指道路实施后使得客、货运输成本降低的效益，按下式计算：

$$B_1 = Q_n \times (C_o L_o —— C_i L_i)$$

客、货车运输费用降低的效益计算及汇总见表 6-5。

**表 6-5　运输费用降低的效益计算及汇总表**　　　　单位：万元

| 年度 | 交通量/（辆/d） | 各车运输费用降低效益 | | | | 运输费用降低效益合计 |
| --- | --- | --- | --- | --- | --- | --- |
| | | 中、小客车 | 大客车 | 中、小货车 | 大货车 | |
| 2006 | 847 | 47.04 | 30.24 | 142.56 | 44.06 | 263.90 |
| 2007 | 871 | 51.29 | 32.97 | 155.43 | 48.04 | 287.74 |
| 2008 | 895 | 55.88 | 35.92 | 169.34 | 52.34 | 313.48 |
| 2009 | 920 | 60.84 | 30.11 | 184.35 | 56.98 | 341.27 |
| 2010 | 944 | 66.19 | 42.54 | 200.56 | 61.99 | 371.28 |
| 2011 | 968 | 71.96 | 46.25 | 218.05 | 67.39 | 403.65 |
| 2012 | 992 | 78.18 | 50.26 | 236.91 | 73.22 | 438.57 |
| 2013 | 1 016 | 84.90 | 54.57 | 257.56 | 79.51 | 476.23 |

表6-5(续)

| 年度 | 交通量/(辆/d) | 各车运输费用降低效益 | | | | 运输费用降低效益合计 |
|---|---|---|---|---|---|---|
| | | 中、小客车 | 大客车 | 中、小货车 | 大货车 | |
| 2014 | 1 041 | 92.13 | 59.22 | 279.19 | 86.29 | 516.83 |
| 2015 | 1 065 | 99.93 | 64.24 | 302.83 | 93.59 | 560.59 |
| 2016 | 1 089 | 108.84 | 69.64 | 328.30 | 101.46 | 607.74 |
| 2017 | 1 113 | 117.39 | 75.46 | 355.73 | 109.94 | 658.53 |
| 2018 | 1 138 | 127.14 | 81.73 | 385.28 | 119.08 | 713.22 |
| 2019 | 1 162 | 137.64 | 88.47 | 417.09 | 128.91 | 772.11 |
| 2020 | 1 186 | 148.94 | 95.74 | 451.33 | 139.49 | 835.50 |
| 2021 | 1 210 | 161.10 | 103.55 | 488.18 | 150.88 | 903.71 |
| 2022 | 1 234 | 174.18 | 111.96 | 527.82 | 163.13 | 977.10 |
| 2023 | 1 259 | 188.26 | 121.01 | 570.47 | 176.31 | 1 056.04 |
| 2024 | 1 283 | 203.39 | 130.74 | 616.33 | 190.49 | 1 140.94 |
| 2025 | 1 307 | 219.66 | 141.20 | 665.44 | 205.73 | 1 232.23 |

(3) 节省时间产生的效益

① 货物在途时间节约效益。

货物在途时间节约效益是通过提高货物运送速度使得资金周转期缩短而取得的效益。

货物在途时间节约效益按下式计算：

$$B_2 = P_t \times Q_h \times i_c \times T/(24 \times 365)$$

② 旅客节约在途时间效益。

《建设项目评价方法与参数》中规定，旅客节约时间的效益以客运量的社会生产人员计算，并考虑节约的时间只有一半用于生产目的。计算公式为：

$$B_3 = \frac{1}{2}[i_c \times Q_k \times T/(8 \times 265)] \times \beta$$

旅客、货物节约在途时间效益见表 6-6。

**表 6-6　运输时间节约效益计算表**　　单位：万元

| 年度 | 节约时数/h | 人均国民收入/(元/h) | 客运量生产人数/万人 | 货运量/万 t | 旅客时间节约效益 | 货物时间节约效益 |
|---|---|---|---|---|---|---|
| 2006 | 0.500 | 8.46 | 13.62 | 54.28 | 28.80 | 3.10 |
| 2007 | 0.500 | 9.13 | 14.01 | 55.83 | 31.99 | 3.19 |
| 2008 | 0.500 | 9.86 | 14.40 | 57.38 | 35.51 | 3.28 |
| 2009 | 0.500 | 10.65 | 14.79 | 58.94 | 39.39 | 3.36 |
| 2010 | 0.500 | 11.50 | 15.18 | 60.49 | 43.66 | 3.45 |
| 2011 | 0.500 | 12.43 | 15.57 | 62.04 | 48.36 | 3.54 |
| 2012 | 0.500 | 13.42 | 15.96 | 63.59 | 53.54 | 3.63 |
| 2013 | 0.500 | 14.49 | 16.35 | 65.14 | .59.23 | 3.72 |
| 2014 | 0.500 | 15.65 | 16.74 | 66.70 | 65.49 | 3.81 |
| 2015 | 0.500 | 16.90 | 17.13 | 68.25 | 72.38 | 3.90 |
| 2016 | 0.500 | 18.26 | 17.52 | 69.80 | 79.95 | 3.98 |
| 2017 | 0.500 | 19.72 | 17.91 | 71.35 | 88.26 | 4.07 |
| 2018 | 0.500 | 21.29 | 18.30 | 72.90 | 97.40 | 4.16 |
| 2019 | 0.500 | 23.00 | 18.68 | 74.46 | 107.43 | 4.25 |
| 2020 | 0.500 | 24.84 | 19.07 | 76.01 | 118.44 | 4.34 |
| 2021 | 0.500 | 26.83 | 19.46 | 77.56 | 130.53 | 4.43 |
| 2022 | 0.500 | 28.97 | 19.85 | 79.11 | 143.79 | 4.52 |
| 2023 | 0.500 | 31.29 | 20.24 | 80.66 | 158.34 | 4.60 |
| 2024 | 0.500 | 33.79 | 20.63 | 82.22 | 174.30 | 4.69 |
| 2025 | 0.500 | 36.50 | 21.02 | 83.77 | 191.80 | 4.78 |

效益汇总见表 6-7。

**表 6-7　国民经济评价效益汇总表**　　单位：万元

| 年度 | 效益名称 | | | 效益合计 |
|---|---|---|---|---|
| | 费用降低效益 | 节约时间效益 | 减少交通事故效益 | |
| 2006 | 263.90 | 31.90 | 0.00 | 295.80 |
| 2007 | 287.74 | 35.18 | 0.00 | 322.91 |
| 2008 | 313.48 | 38.79 | 0.00 | 352.26 |
| 2009 | 341.27 | 42.75 | 0.00 | 384.03 |

表6-7(续)

| 年度 | 效益名称 | | | 效益合计 |
|---|---|---|---|---|
| | 费用降低效益 | 节约时间效益 | 减少交通事故效益 | |
| 2010 | 371.28 | 47.11 | 0.00 | 418.39 |
| 2011 | 403.65 | 51.90 | 0.00 | 455.55 |
| 2012 | 438.57 | 57.17 | 0.00 | 495.74 |
| 2013 | 476.23 | 62.95 | 0.00 | 539.18 |
| 2014 | 516.83 | 69.30 | 0.00 | 586.13 |
| 2015 | 560.59 | 76.27 | 0.00 | 636.87 |
| 2016 | 607.74 | 83.93 | 0.00 | 691.67 |
| 2017 | 658.53 | 92.34 | 0.00 | 750.86 |
| 2018 | 713.22 | 101.56 | 0.00 | 814.78 |
| 2019 | 772.11 | 111.68 | 0.00 | 883.79 |
| 2020 | 835.50 | 122.78 | 0.00 | 958.27 |
| 2021 | 903.71 | 134.95 | 0.00 | 1038.66 |
| 2022 | 977.10 | 148.31 | 0.00 | 1 125.41 |
| 2023 | 1 056.04 | 162.94 | 0.00 | 1 218.99 |
| 2024 | 1 140.94 | 178.99 | 0.00 | 1 319.93 |
| 2025 | 1 232.23 | 196.58 | 0.00 | 1 428.81 |

## 6.5 国民经济评价指标计算

(1) 经济评价指标的计算

① 经济净现值 ENPV=1 717.85 万元>0,项目可行。

② 经济内部收益率 EIRR=23.03%>12%,项目可行。

③ 静态投资回收期:6.36 年(含建设期)、5.36 年(不含建设期)。

④ 动态投资回收期:8.99 年(含建设期)、7.99 年(不含建设期)。

⑤ 效益费用比 EBCR=2.12>1,项目可行。

具体计算结果见国民经济评价效益费用流量表(表 6-8)、国民经济评价内部收益率计算表(表 6-9)及国民经济评价效益费用比计算表(表 6-10)。评价指标汇总见表 6-11。

**表 6-8　国民经济评价效益费用流量表(全部投资)**　　　　单位:万元

| 序号 | 项目名称 | 建设期 | 运营期 | | | | | | | | | |
|---|---|---|---|---|---|---|---|---|---|---|---|---|
| | | 2005 | 2006 | 2007 | 2008 | 2009 | 2010 | 2011 | 2012 | 2013 | 2014 | 2015 |
| 1 | 效益流量 | | | | | | | | | | | |
| 1.1 | 运输费用降低的效益 | | 263.90 | 287.74 | 313.48 | 341.27 | 371.28 | 403.65 | 438.57 | 476.23 | 516.83 | 560.59 |
| 1.2 | 节约在途时间效益 | | 31.90 | 35.18 | 38.79 | 42.75 | 47.11 | 51.90 | 57.17 | 62.95 | 69.30 | 76.27 |
| 1.3 | 减少交通事故的效益 | | 0.00 | 0.00 | 0.00 | 0.00 | 0.00 | 0.00 | 0.00 | 0.00 | 0.00 | 0.00 |
| 1.4 | 效益流量小计 | 0.00 | 295.80 | 322.91 | 352.26 | 384.03 | 418.39 | 455.55 | 495.74 | 539.18 | 586.13 | 636.87 |
| 2 | 费用流量 | | | | | | | | | | | |
| 2.1 | 工程投资 | 1 865.98 | | | | | | | | | | |
| 2.2 | 工程养护费 | | 4.69 | 4.97 | 5.27 | 5.59 | 5.92 | 6.28 | 6.65 | 7.05 | 7.48 | 7.92 |
| 2.3 | 工程修理费 | | 0.00 | 0.00 | 0.00 | 0.00 | 29.61 | 0.00 | 0.00 | 0.00 | 0.00 | 79.24 |
| 2.4 | 职工工资 | | 1.54 | 1.69 | 1.86 | 2.04 | 2.25 | 2.47 | 2.72 | 2.99 | 3.29 | 3.62 |
| 2.5 | 电费 | | 0.55 | 0.55 | 0.55 | 0.55 | 0.55 | 0.55 | 0.55 | 0.55 | 0.55 | 0.55 |
| 2.6 | 回收固定资产余值 | | | | | | | | | | | |
| 2.7 | 费用流量小计 | 1 865.98 | 6.78 | 7.215 | 7.682 | 8.184 | 38.329 | 9.304 | 9.928 | 10.599 | 11.322 | 91.336 |
| 3 | 现金流量 | | | | | | | | | | | |
| 3.1 | 净现金流量 | −1 865.98 | 289.02 | 315.70 | 344.58 | 375.84 | 380.06 | 446.25 | 485.81 | 528.58 | 574.81 | 545.53 |
| 3.2 | 累计净现金流量 | −1 865.98 | −1 576.96 | −1 261.26 | −916.68 | −540.84 | −160.78 | 285.47 | 771.28 | 1 299.86 | 1 874.67 | 2 420.20 |
| 4 | 折现现金流量 | | | | | | | | | | | |
| 4.1 | 折现系数($i=12\%$) | 0.797 | 0.712 | 0.636 | 0.567 | 0.507 | 0.452 | 0.404 | 0.361 | 0.322 | 0.287 | 0.257 |
| 4.2 | 折现现金流量 | −1 487.55 | 205.72 | 200.63 | 195.52 | 190.41 | 171.92 | 180.23 | 175.19 | 170.19 | 165.24 | 140.02 |
| 4.3 | 累计折现现金流量 | −1 487.55 | −1 281.83 | −1 081.20 | −885.67 | −695.26 | −523.34 | −343.11 | −167.92 | 2.27 | 167.51 | 307.54 |

**表 6-8(续)**

| 序号 | 项目名称 | 运营期 | | | | | | | | | |
|---|---|---|---|---|---|---|---|---|---|---|---|
| | | 2016 | 2017 | 2018 | 2019 | 2020 | 2021 | 2022 | 2023 | 2023 | 2025 |
| 1 | 效益流量 | | | | | | | | | | |
| 1.1 | 运输费用降低的效益 | 607.74 | 658.53 | 713.22 | 772.11 | 835.50 | 903.71 | 977.10 | 1 056.04 | 1 140.94 | 1 232.23 |
| 1.2 | 节约在途时间效益 | 83.93 | 92.34 | 101.56 | 111.68 | 122.78 | 134.95 | 148.31 | 162.94 | 178.99 | 196.58 |
| 1.3 | 减少交通事故的效益 | 0.00 | 0.00 | 0.00 | 0.00 | 0.00 | 0.00 | 0.00 | 0.00 | 0.00 | 0.00 |
| 1.4 | 效益流量小计 | 691.67 | 750.86 | 814.78 | 883.79 | 958.27 | 1 038.66 | 1 125.41 | 1 218.99 | 1 319.93 | 1 428.81 |
| 2 | 费用流量 | | | | | | | | | | |
| 2.1 | 工程投资 | | | | | | | | | | |
| 2.2 | 工程养护费 | 8.40 | 8.90 | 9.44 | 10.00 | 10.60 | 11.24 | 11.91 | 12.63 | 13.39 | 14.19 |
| 2.3 | 工程修理费 | 0.00 | 0.00 | 0.00 | 0.00 | 53.02 | 0.00 | 0.00 | 0.00 | 0.00 | 141.90 |
| 2.4 | 职工工资 | 3.98 | 4.38 | 4.82 | 5.30 | 5.83 | 6.42 | 7.06 | 7.76 | 8.54 | 9.39 |
| 2.5 | 电费 | 0.55 | 0.55 | 0.55 | 0.55 | 0.55 | 0.55 | 0.55 | 0.55 | 0.55 | 0.55 |
| 2.6 | 回收固定资产余值 | | | | | | | | | | −932.99 |
| 2.7 | 费用流量小计 | 12.937 | 13.839 | 14.812 | 15.860 | 70.009 | 18.21 | 19.526 | 20.947 | 22.481 | −766.951 |
| 3 | 现金流量 | | | | | | | | | | |
| 3.1 | 净现金流量 | 678.73 | 737.02 | 799.97 | 867.93 | 888.27 | 1 020.45 | 1 105.88 | 1 198.04 | 1 297.45 | 2 195.76 |
| 3.2 | 累计净现金流量 | 3 098.94 | 3 835.96 | 4 635.93 | 5 503.86 | 6 392.12 | 7 412.57 | 8 518.45 | 9 716.49 | 11 013.95 | 13 209.70 |
| 4 | 折现现金流量 | | | | | | | | | | |
| 4.1 | 折现系数($i=12\%$) | 0.229 | 0.205 | 0.183 | 0.163 | 0.146 | 0.130 | 0.116 | 0.104 | 0.093 | 0.083 |
| 4.2 | 折现现金流量 | 155.55 | 150.81 | 146.15 | 141.58 | 129.37 | 132.70 | 128.40 | 124.20 | 120.09 | 181.46 |
| 4.3 | 累计折现现金流量 | 463.09 | 613.90 | 760.05 | 901.62 | 1 031.00 | 1 163.69 | 1 292.09 | 1 416.29 | 1 536.38 | 1 717.85 |

评价指标：　ENPY:1 717.85　Pt:(含建设期)6.36　Pt:(不含建设期)5.36　Pt′:(含建设期)8.99　Pt′:(不含建设期)7.99

表 6-9　国民经济评价内部收益率计算表(全部投资)

单位:万元

| 序号 | 项目名称 | 建设期 | 运营期 | | | | | | | | | |
|---|---|---|---|---|---|---|---|---|---|---|---|---|
| | | 2005 | 2006 | 2007 | 2008 | 2009 | 2010 | 2011 | 2012 | 2013 | 2014 | 2015 |
| 1 | 净现金流量 | −1 865.98 | 289.02 | 315.70 | 344.58 | 375.84 | 380.06 | 446.25 | 485.81 | 528.58 | 574.81 | 545.53 |
| 2 | 折现现金流量 | | | | | | | | | | | |
| 2.1 | 折现系数($i=12\%$) | 0.797 | 0.712 | 0.636 | 0.567 | 0.507 | 0.452 | 0.404 | 0.361 | 0.322 | 0.287 | 0.257 |
| 2.2 | 折现现金流量 | −1 487.55 | 205.72 | 200.63 | 195.52 | 190.41 | 171.92 | 180.23 | 175.19 | 170.19 | 165.24 | 140.02 |
| 2.3 | 累计折现现金流量 | −1 487.55 | −1 281.83 | −1 081.20 | −885.67 | −695.26 | −523.34 | −343.11 | −167.92 | 2.27 | 167.51 | 307.54 |
| 3 | 折现现金流量 | | | | | | | | | | | |
| 3.1 | 折现系数($i=14\%$) | 0.769 | 0.675 | 0.592 | 0.519 | 0.456 | 0.400 | 0.351 | 0.308 | 0.270 | 0.237 | 0.208 |
| 3.2 | 折现现金流量 | −1 435.81 | 195.08 | 186.92 | 178.96 | 171.23 | 151.89 | 156.44 | 149.39 | 142.58 | 136.01 | 113.23 |
| 3.3 | 累计折现现金流量 | −1 435.81 | −1 240.73 | −1 053.81 | −874.85 | −703.62 | −551.73 | −395.30 | −245.91 | −103.32 | 32.69 | 145.92 |
| 4 | 折现现金流量 | | | | | | | | | | | |
| 4.1 | 折现系数($i=22\%$) | 0.672 | 0.551 | 0.451 | 0.370 | 0.303 | 0.249 | 0.204 | 0.167 | 0.137 | 0.112 | 0.092 |
| 4.2 | 折现现金流量 | −1 253.68 | 159.16 | 142.51 | 127.49 | 113.98 | 94.48 | 90.93 | 81.14 | 72.36 | 64.50 | 50.18 |
| 4.3 | 累计折现现金流量 | −1 253.68 | −1 094.52 | −952.01 | −824.52 | −710.53 | −616.05 | −525.13 | −443.99 | −371.62 | −307.12 | −256.95 |
| 5 | 折现现金流量 | | | | | | | | | | | |
| 5.1 | 折现系数($i=24\%$) | 0.650 | 0.524 | 0.423 | 0.341 | 0.275 | 0.222 | 0.179 | 0.144 7 | 0.116 | 0.094 | 0.076 |
| 5.2 | 折现现金流量 | −1 213.57 | 151.59 | 133.53 | 117.54 | 103.39 | 84.31 | 79.84 | 70.09 | 61.50 | 53.94 | 41.28 |
| 5.3 | 累计折现现金流量 | −1 213.57 | −1 061.98 | −928.45 | −810.91 | −707.52 | −623.21 | −543.37 | −473.28 | −411.77 | −357.84 | −316.55 |

**表 6-9(续)**

| 序号 | 项目名称 | 运营期 | | | | | | | | | |
|---|---|---|---|---|---|---|---|---|---|---|---|
| | | 2016 | 2017 | 2018 | 2019 | 2020 | 2021 | 2022 | 2023 | 2023 | 2025 |
| 1 | 净现金流量 | 678.73 | 737.02 | 799.97 | 867.93 | 888.27 | 1 020.45 | 1 105.88 | 1 198.04 | 1 297.45 | 2 195.76 |
| 2 | 折现现金流量 | | | | | | | | | | |
| 2.1 | 折现系数($i=12\%$) | 0.229 | 0.205 | 0.183 | 0.163 | 0.146 | 0.130 | 0.116 | 0.104 | 0.093 | 0.083 |
| 2.2 | 折现现金流量 | 155.55 | 150.81 | 146.15 | 141.58 | 129.37 | 132.70 | 128.40 | 124.20 | 120.09 | 181.46 |
| 2.3 | 累计折现现金流量 | 463.09 | 613.90 | 760.05 | 901.62 | 1 031.00 | 1 163.69 | 1 292.09 | 1 416.29 | 1 536.38 | 1 717.85 |
| 3 | 折现现金流量 | | | | | | | | | | |
| 3.1 | 折现系数($i=14\%$) | 0.182 | 0.160 | 0.140 | 0.123 | 0.108 | 0.095 | 0.083 | 0.073 | 0.064 | 0.056 |
| 3.2 | 折现现金流量 | 123.58 | 117.71 | 112.07 | 106.66 | 95.75 | 96.50 | 91.73 | 87.17 | 82.81 | 122.94 |
| 3.3 | 累计折现现金流量 | 269.49 | 387.50 | 499.27 | 605.94 | 701.69 | 798.19 | 889.92 | 977.09 | 1 059.90 | 1 182.84 |
| 4 | 折现现金流量 | | | | | | | | | | |
| 4.1 | 折现系数($i=22\%$) | 0.075 | 0.062 | 0.051 | 0.042 | 0.034 | 0.028 | 0.023 | 0.019 | 0.015 | 0.013 |
| 4.2 | 折现现金流量 | 51.17 | 45.55 | 40.52 | 36.04 | 30.23 | 28.47 | 25.29 | 22.45 | 19.93 | 27.65 |
| 4.3 | 累计折现现金流量 | −205.78 | −160.23 | −119.71 | −83.67 | −53.45 | −24.98 | 0.31 | 22.76 | 42.69 | 70.34 |
| 5 | 折现现金流量 | | | | | | | | | | |
| 5.1 | 折现系数($i=24\%$) | 0.061 | 0.049 | 0.040 | 0.032 | 0.026 | 0.021 | 0.017 | 0.014 | 0.011 | 0.009 |
| 5.2 | 折现现金流量 | 41.42 | 36.27 | 31.75 | 27.78 | 22.93 | 21.24 | 18.57 | 16.22 | 14.17 | 19.33 |
| 5.3 | 累计折现现金流量 | −275.13 | −238.86 | −207.11 | −179.33 | −156.40 | −135.16 | −116.59 | −100.38 | −86.21 | −66.88 |

EIRR:23.03%

**表 6-10　国民经济评价效益费用比计算表(全部投资)**

单位:万元

| 序号 | 项目名称 | 建设期 | 运营期 | | | | | | | | | |
|---|---|---|---|---|---|---|---|---|---|---|---|---|
| | | 2005 | 2006 | 2007 | 2008 | 2009 | 2010 | 2011 | 2012 | 2013 | 2014 | 2015 |
| 1 | 效益流量 | | | | | | | | | | | |
| 1.1 | 运输费用降低的效益 | 0.00 | 263.90 | 287.74 | 313.48 | 341.27 | 371.28 | 403.65 | 438.57 | 476.23 | 516.83 | 560.59 |
| 1.2 | 节约在途时间效益 | 0.00 | 31.90 | 35.18 | 38.79 | 42.75 | 47.11 | 51.90 | 57.17 | 62.95 | 69.30 | 76.27 |
| 1.3 | 减少交通事故效益 | 0.00 | 0.00 | 0.00 | 0.00 | 0.00 | 0.00 | 0.00 | 0.00 | 0.00 | 0.00 | 0.00 |
| 1.4 | 效益流量小计 | 0.00 | 295.80 | 322.91 | 352.26 | 384.03 | 418.39 | 455.55 | 495.74 | 539.18 | 586.13 | 636.87 |
| 1.5 | 折现系数($i$=12%) | 0.797 | 0.712 | 0.636 | 0.567 | 0.507 | 0.452 | 0.404 | 0.361 | 0.322 | 0.287 | 0.257 |
| 1.6 | 折现效益流量 | 0.00 | 210.54 | 205.22 | 199.88 | 194.56 | 189.26 | 183.99 | 178.77 | 173.60 | 168.50 | 163.47 |
| 1.7 | 累计折现效益流量 | 0.00 | 210.54 | 415.76 | 615.64 | 810.20 | 999.46 | 1 183.45 | 1 362.22 | 1 535.82 | 1 704.32 | 1 867.79 |
| 2 | 费用流量 | | | | | | | | | | | |
| 2.1 | 工程投资 | 1 865.98 | 0.00 | 0.00 | 0.00 | 0.00 | 0.00 | 0.00 | 0.00 | 0.00 | 0.00 | 0.00 |
| 2.2 | 工程养护费 | 0.00 | 4.69 | 4.97 | 5.27 | 5.59 | 5.92 | 6.28 | 6.65 | 7.48 | 7.48 | 7.92 |
| 2.3 | 工程修理费 | 0.00 | 0.00 | 0.00 | 0.00 | 0.00 | 29.61 | 0.00 | 0.00 | 0.00 | 0.00 | 79.24 |
| 2.4 | 职工工资 | 0.00 | 1.54 | 1.86 | 1.86 | 2.04 | 2.25 | 2.47 | 2.72 | 2.99 | 3.29 | 3.62 |
| 2.5 | 电费 | 0.00 | 0.55 | 0.55 | 0.55 | 0.55 | 0.55 | 0.55 | 0.55 | 0.55 | 0.55 | 0.55 |
| 2.6 | 回收固定资产余值 | 0.00 | 0.00 | 0.00 | 0.00 | 0.00 | 0.00 | 0.00 | 0.00 | 0.00 | 0.00 | 0.00 |
| 2.7 | 费用流量小计 | 1 865.98 | 6.78 | 7.22 | 7.68 | 8.18 | 38.33 | 9.30 | 9.93 | 10.60 | 11.32 | 91.34 |
| 2.8 | 折现系数($i$=12%) | 0.797 | 0.712 | 0.636 | 0.567 | 0.507 | 0.452 | 0.404 | 0.361 | 0.322 | 0.287 | 0.257 |
| 2.9 | 折现费用流量 | 1 487.55 | 4.83 | 4.59 | 4.36 | 4.15 | 17.34 | 3.76 | 3.58 | 3.41 | 3.25 | 23.44 |
| 2.10 | 累计折现费用流量 | 1 487.55 | 1 492.37 | 1 496.96 | 1 505.46 | 1 505.46 | 1 522.80 | 1 526.56 | 1 530.14 | 1 533.55 | 1 536.81 | 1 560.25 |

表 6-10(续)

| 序号 | 项目名称 | 运营期 | | | | | | | | | |
|---|---|---|---|---|---|---|---|---|---|---|---|
| | | 2016 | 2017 | 2018 | 2019 | 2020 | 2021 | 2022 | 2023 | 2023 | 2025 |
| 1 | 效益流量 | | | | | | | | | | |
| 1.1 | 运输费用降低的效益 | 607.74 | 658.53 | 713.22 | 772.11 | 835.50 | 903.71 | 977.10 | 1 056.04 | 1 140.94 | 1 232.23 |
| 1.2 | 节约在途时间效益 | 83.93 | 92.34 | 101.56 | 111.68 | 122.78 | 134.95 | 148.31 | 162.94 | 178.99 | 196.58 |
| 1.3 | 减少交通事故效益 | 0.00 | 0.00 | 0.00 | 0.00 | 0.00 | 0.00 | 0.00 | 0.00 | 0.00 | 0.00 |
| 1.4 | 效益流量小计 | 691.67 | 750.86 | 814.78 | 883.79 | 958.27 | 1 038.66 | 1 125.41 | 1 218.99 | 1 319.93 | 1 428.81 |
| 1.5 | 折现系数($i=12\%$) | 0.229 | 0.205 | 0.183 | 0.163 | 0.146 | 0.130 | 0.116 | 0.104 | 0.093 | 0.083 |
| 1.6 | 折现效益流量 | 158.51 | 153.64 | 148.86 | 144.16 | 139.57 | 153.07 | 130.67 | 126.37 | 122.17 | 118.08 |
| 1.7 | 累计折现效益流量 | 2 026.30 | 2 179.94 | 2 328.80 | 2 472.97 | 2 612.53 | 2 747.60 | 2 878.27 | 3 004.64 | 3 126.81 | 3 244.89 |
| 2 | 费用流量 | | | | | | | | | | |
| 2.1 | 工程投资 | 0.00 | 0.00 | 0.00 | 0.00 | 0.00 | 0.00 | 0.00 | 0.00 | 0.00 | 0.00 |
| 2.2 | 工程养护费 | 8.4 | 8.90 | 9.44 | 10.00 | 10.60 | 11.24 | 11.91 | 12.63 | 13.39 | 14.19 |
| 2.3 | 工程修理费 | 0.00 | 0.00 | 0.00 | 0.00 | 53.02 | 0.00 | 0.00 | 0.00 | 0.00 | 141.90 |
| 2.4 | 职工工资 | 3.98 | 4.38 | 4.82 | 5.30 | 5.83 | 6.42 | 7.06 | 7.76 | 8.54 | 9.39 |
| 2.5 | 电费 | 0.55 | 0.55 | 0.55 | 0.55 | 0.55 | 0.55 | 0.55 | 0.55 | 0.55 | 0.55 |
| 2.6 | 回收固定资产余值 | 0.00 | 0.00 | 0.00 | 0.00 | 0.00 | 0.00 | 0.00 | 0.00 | 0.00 | −932.99 |
| 2.7 | 费用流量小计 | 12.94 | 13.84 | 14.81 | 15.86 | 70.01 | 18.21 | 19.53 | 20.95 | 22.48 | −766.95 |
| 2.8 | 折现系数($i=12\%$) | 0.229 | 0.205 | 0.183 | 0.163 | 0.146 | 0.130 | 0.116 | 0.104 | 0.093 | 0.083 |
| 2.9 | 折现费用流量 | 2.96 | 2.83 | 2.71 | 2.59 | 10.20 | 2.37 | 2.27 | 2.17 | 2.08 | −63.38 |
| 2.10 | 累计折现费用流量 | 1 563.22 | 1 566.05 | 1 568.75 | 1 571.34 | 1 581.54 | 1 583.91 | 1 586.17 | 1 588.34 | 1 590.43 | 1 527.04 |

EBCR:2.12

表 6-11　国民经济评价指标汇总表

| 序号 | 国民经济评价指标 | 评价结果 | 可行性 |
| --- | --- | --- | --- |
| 1 | 经济净现值 | ENPV=1 717.85 万元 | 项目可行 |
| 2 | 经济内部投资收益率 | EIRR=23.03%>12% | 项目可行 |
| 3 | 静态投资回收期 | Pt=6.36 年(含建设期)<21 年；<br>Pt=5.36 年(不含建设期)<20 年 | 项目可行 |
| 4 | 动态投资回收期 | Pt=8.99 年(含建设期)<21 年；<br>Pt=7.99 年(不含建设期)<20 年 | 项目可行 |
| 5 | 效益费用比 | 2.12>1 | 项目可行 |

(2) 国民经济评价敏感性分析

为了分析及确定国民经济评价各不确定因素对经济指标的影响，本评价以经济费用增减和经济效益增减(交通量增减)作为敏感性分析因素，计算指标为经济净现值(ENPV)。敏感性分析计算见表 6-12(下页)，敏感性分析图如图 6-1 所示，分析结果见表 6-13。

表 6-13　敏感性分析计算结果　　单位：万元

| 项目 | −20% | −10% | 0 | 10% | 20% |
| --- | --- | --- | --- | --- | --- |
| 投资增减 | 2 015.36 | 1 866.60 | 1 717.85 | 1 569.09 | 1 420.34 |
| 效益增减 | 1 068.87 | 1 393.36 | 1 717.85 | 2 042.34 | 2 366.82 |

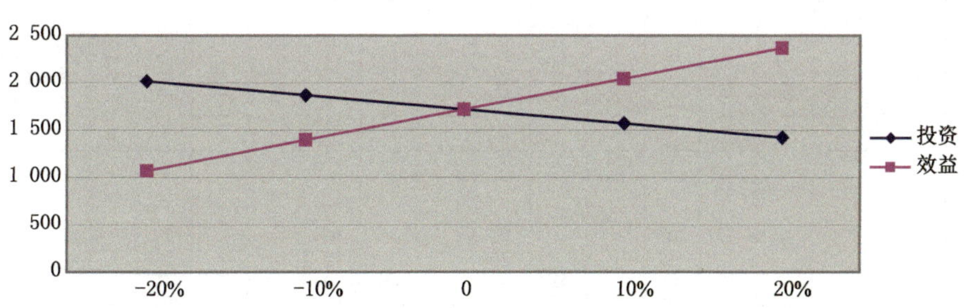


图 6-1　敏感性分析图

**表 6-12　国民经济评价敏感性分析表**

单位：万元

| 序号 | 项目名称 | 建设期 | 运营期 | | | | | | | | | |
|---|---|---|---|---|---|---|---|---|---|---|---|---|
| | | 2005 | 2006 | 2007 | 2008 | 2009 | 2010 | 2011 | 2012 | 2013 | 2014 | 2015 |
| | 折现系数 | 0.979 | 0.712 | 0.636 | 0.567 | 0.507 | 0.452 | 0.404 | 0.361 | 0.322 | 0.287 | 0.257 |
| 因素不变 | 净现金流量 | −1 865.98 | 289.02 | 315.70 | 344.58 | 375.84 | 380.06 | 446.25 | 485.81 | 528.58 | 574.81 | 545.53 |
| | 折现现金流量 | −1 487.55 | 205.72 | 200.63 | 195.52 | 190.41 | 171.92 | 180.23 | 175.19 | 170.19 | 165.24 | 140.02 |
| | 累计折现现金流量 | −1 487.98 | −1 281.83 | −1 081.20 | −885.67 | −695.26 | −523.34 | −343.11 | −167.92 | 2.27 | 167.51 | 307.54 |
| 投资 −10% | 净现金流量 | −1 679.38 | 289.02 | 315.70 | 344.58 | 375.84 | 380.06 | 446.25 | 485.81 | 528.58 | 574.81 | 545.53 |
| | 折现现金流量 | −1 338.79 | 205.72 | 200.63 | 195.52 | 190.41 | 171.92 | 180.23 | 175.19 | 170.19 | 165.24 | 140.02 |
| | 累计折现现金流量 | −1 338.79 | −1 133.08 | −932.44 | −736.92 | −546.51 | −374.59 | −194.35 | −19.17 | 151.02 | 316.27 | 456.29 |
| 投资 −20% | 净现金流量 | −1 492.78 | 289.02 | 315.70 | 344.58 | 375.84 | 380.06 | 446.25 | 485.81 | 528.58 | 574.81 | 545.53 |
| | 折现现金流量 | −1 190.04 | 205.72 | 200.63 | 195.52 | 190.41 | 171.92 | 180.23 | 175.19 | 170.19 | 165.24 | 140.02 |
| | 累计折现现金流量 | −1 190.04 | −984.32 | −783.69 | −588.16 | −397.75 | −225.83 | −45.6 | 129.59 | 299.78 | 465.02 | 605.05 |
| 投资 +10% | 净现金流量 | −2 025.58 | 289.02 | 315.70 | 344.58 | 375.84 | 380.06 | 446.25 | 485.81 | 528.58 | 574.81 | 545.53 |
| | 折现现金流量 | −1 636.30 | 205.72 | 200.63 | 195.52 | 190.41 | 171.92 | 180.23 | 175.19 | 170.19 | 165.24 | 140.02 |
| | 累计折现现金流量 | −1 636.30 | −1 430.58 | −1 229.95 | −1 034.43 | −844.02 | −672.92 | −491.86 | −316.67 | −146.49 | 18.76 | 158.78 |
| 投资 +20% | 净现金流量 | −2 239.18 | 289.02 | 315.70 | 344.58 | 375.84 | 380.06 | 446.25 | 485.81 | 528.58 | 574.81 | 545.53 |
| | 折现现金流量 | −1 785.06 | 205.72 | 200.63 | 195.52 | 190.41 | 171.92 | 180.23 | 175.19 | 170.19 | 165.24 | 140.02 |
| | 累计折现现金流量 | −1 785.06 | −1 579.34 | −1 378.71 | −1 183.18 | −992.77 | −820.85 | −640.62 | −465.43 | −295.24 | −130.00 | 10.03 |

**表6-12(续)**

| 序号 | 项目名称 | 建设期 | 运营期 | | | | | | | | | |
|---|---|---|---|---|---|---|---|---|---|---|---|---|
| | | 2005 | 2006 | 2007 | 2008 | 2009 | 2010 | 2011 | 2012 | 2013 | 2014 | 2015 |
| 效益 −10% | 净现金流量 | −1 865.98 | 259.66 | 283.41 | 309.35 | 337.44 | 338.22 | 400.69 | 436.24 | 474.66 | 516.20 | 481.84 |
| | 折现现金流量 | −1 487.55 | 184.66 | 180.11 | 175.54 | 170.28 | 152.99 | 161.83 | 157.31 | 152.83 | 148.39 | 123.68 |
| | 累计折现现金流量 | −1 487.55 | −1 302.88 | −1 122.77 | −947.24 | −776.28 | −623.29 | −461.45 | −304.14 | −151.31 | −2.92 | 120.76 |
| 效益 −20% | 净现金流量 | −1 865.98 | 229.86 | 251.12 | 274.13 | 299.04 | 296.38 | 355.14 | 386.66 | 420.75 | 457.59 | 418.16 |
| | 折现现金流量 | −1 487.55 | 163.61 | 159.59 | 155.55 | 151.50 | 134.07 | 143.43 | 139.43 | 135.47 | 131.54 | 107.33 |
| | 累计折现现金流量 | −1 487.55 | −1 323.94 | −1 164.35 | −1 008.80 | −857.30 | −723.23 | −579.80 | −440.36 | −304.90 | −173.35 | −66.02 |
| 效益 +10% | 净现金流量 | −1 865.98 | 318.60 | 347.99 | 379.81 | 414.24 | 421.90 | 491.80 | 535.39 | 582.50 | 633.43 | 609.22 |
| | 折现现金流量 | −1 487.55 | 226.77 | 221.15 | 215.51 | 209.87 | 190.85 | 198.63 | 193.07 | 187.55 | 182.09 | 156.37 |
| | 累计折现现金流量 | −1 487.55 | −1 260.78 | −1 039.62 | −824.11 | −614.24 | −423.39 | −224.76 | −31.70 | 155.85 | 337.95 | 494.32 |
| 效益 +20% | 净现金流量 | −1 865.98 | 348.18 | 380.28 | 415.03 | 452.65 | 463.74 | 537.36 | 584.96 | 636.42 | 692.04 | 672.90 |
| | 折现现金流量 | −1 487.55 | 247.83 | 241.68 | 235.50 | 229.32 | 209.77 | 217.03 | 210.94 | 204.91 | 198.94 | 172.72 |
| | 累计折现现金流量 | −1 487.55 | −1 239.72 | −998.05 | −762.54 | −533.22 | −323.45 | −106.42 | 104.52 | 309.43 | 508.38 | 681.10 |

**表 6-12(续)**

| 序号 | 项目名称 | 运营期 | | | | | | | | | |
|---|---|---|---|---|---|---|---|---|---|---|---|
| | | 2016 | 2017 | 2018 | 2019 | 2020 | 2021 | 2022 | 2023 | 2023 | 2025 |
| 折现系数 | | 0.229 | 0.205 | 0.183 | 0.163 | 0.146 | 0.130 | 0.116 | 0.104 | 0.093 | 0.083 |
| 因素不变 | 净现金流量 | 678.73 | 737.02 | 799.97 | 867.93 | 888.27 | 1 020.45 | 1 105.88 | 1 198.04 | 1 297.45 | 2 195.76 |
| | 折现现金流量 | 155.55 | 150.81 | 146.15 | 141.58 | 129.37 | 132.70 | 128.40 | 124.20 | 120.09 | 181.46 |
| | 累计折现现金流量 | 463.09 | 613.90 | 760.05 | 901.62 | 1 031.00 | 1 163.69 | 1 292.09 | 1 416.29 | 1 536.38 | 1 717.85 |
| 投资−10% | 净现金流量 | 678.73 | 737.02 | 799.97 | 867.93 | 888.27 | 1 020.45 | 1 105.88 | 1 198.04 | 1 297.45 | 2 195.76 |
| | 折现现金流量 | 155.55 | 150.81 | 146.15 | 141.58 | 129.37 | 132.70 | 128.40 | 124.20 | 120.09 | 181.46 |
| | 累计折现现金流量 | 611.84 | 762.65 | 908.80 | 1 050.38 | 1 179.75 | 1 312.45 | 1 440.85 | 1 565.05 | 1 685.14 | 1 866.60 |
| 投资−20% | 净现金流量 | 678.73 | 737.02 | 799.97 | 867.93 | 888.27 | 1 020.45 | 1 105.88 | 1 198.04 | 1 297.45 | 2 195.76 |
| | 折现现金流量 | 155.55 | 150.81 | 146.15 | 141.58 | 129.37 | 132.70 | 128.40 | 124.20 | 120.09 | 181.46 |
| | 累计折现现金流量 | 760.60 | 911.41 | 1 057.56 | 1 199.13 | 1 328.51 | 1 461.20 | 1 589.60 | 1 713.80 | 1 883.89 | 2 015.36 |
| 投资+10% | 净现金流量 | 678.73 | 737.02 | 799.97 | 867.93 | 888.27 | 1 020.45 | 1 105.88 | 1 198.04 | 1 297.45 | 2 195.76 |
| | 折现现金流量 | 155.55 | 150.81 | 146.15 | 141.58 | 129.37 | 132.70 | 128.40 | 124.20 | 120.09 | 181.46 |
| | 累计折现现金流量 | 314.33 | 465.14 | 611.29 | 752.87 | 882.24 | 1 014.94 | 1 143.34 | 1 267.54 | 1 387.63 | 1 569.09 |
| 投资+20% | 净现金流量 | 678.73 | 737.02 | 799.97 | 867.93 | 888.27 | 1 020.45 | 1 105.88 | 1 198.04 | 1 297.45 | 2 195.76 |
| | 折现现金流量 | 155.55 | 150.81 | 146.15 | 141.58 | 129.37 | 132.70 | 128.40 | 124.20 | 120.09 | 181.46 |
| | 累计折现现金流量 | 165.58 | 316.39 | 462.54 | 604.12 | 733.49 | 866.19 | 994.59 | 1 118.78 | 1 238.87 | 1 420.34 |

表6-12(续)

| 序号 | 项目名称 | 运营期 | | | | | | | | | |
|---|---|---|---|---|---|---|---|---|---|---|---|
| | | 2016 | 2017 | 2018 | 2019 | 2020 | 2021 | 2022 | 2023 | 2023 | 2025 |
| 效益<br>−10% | 净现金流量 | 609.57 | 661.94 | 718.49 | 778.55 | 792.44 | 916.59 | 993.34 | 1 076.14 | 1 165.46 | 2 052.88 |
| | 折现现金流量 | 139.70 | 135.45 | 131.27 | 127.16 | 115.41 | 119.19 | 115.33 | 111.56 | 107.87 | 169.65 |
| | 累计折现现金流量 | 206.46 | 395.90 | 527.17 | 654.33 | 769.74 | 888.93 | 1 004.27 | 1 115.83 | 1 223.70 | 1 393.36 |
| 效益<br>−20% | 净现金流量 | 540.40 | 586.85 | 637.01 | 691.17 | 696.61 | 812.72 | 880.80 | 954.24 | 1 033.47 | 1 910.00 |
| | 折现现金流量 | 123.85 | 120.08 | 116.38 | 112.74 | 101.46 | 105.69 | 102.27 | 98.92 | 95.66 | 157.85 |
| | 累计折现现金流量 | 57.83 | 177.91 | 294.29 | 407.03 | 508.49 | 614.17 | 716.44 | 815.36 | 911.02 | 1 068.87 |
| 效益<br>+10% | 净现金流量 | 747.90 | 812.11 | 881.45 | 956.31 | 984.09 | 1 124.32 | 1 218.42 | 1 319.94 | 1 429.45 | 2 338.64 |
| | 折现现金流量 | 171.40 | 166.17 | 161.04 | 155.99 | 143.33 | 146.21 | 141.47 | 136.83 | 132.31 | 193.27 |
| | 累计折现现金流量 | 665.72 | 831.89 | 992.93 | 1 148.92 | 1 292.25 | 1 438.45 | 1 579.92 | 1 716.76 | 1 849.06 | 2 042.34 |
| 效益<br>+20% | 净现金流量 | 817.07 | 887.20 | 962.92 | 1 104.68 | 1 079.92 | 1 228.19 | 1 330.96 | 1 441.84 | 1 561.44 | 2 481.52 |
| | 折现现金流量 | 187.25 | 181.54 | 175.92 | 170.41 | 157.28 | 159.71 | 154.53 | 149.47 | 144.53 | 205.08 |
| | 累计折现现金流量 | 868.35 | 1 049.88 | 1 225.81 | 1 396.22 | 1 553.50 | 1 713.22 | 1 867.75 | 2 017.22 | 2 161.75 | 2 366.82 |

经过计算，敏感因素效益增减的敏感性变化率为0.19，投资费用增减的敏感性变化率为0.09，说明效益因素比投资费用因素敏感。根据敏感性分析的结果来看，该项目敏感性分析ENPV显示结果较好，意味着项目具有较强的抗风险能力。但项目仍然存在不算小的风险，建议在项目实施和运营期间，加强项目管理和道路管理，从而降低建设及道路运营费用，以期增大本项目的国民经济效益。

## 6.6 社会效益定性评价

该道路建设项目在道路交通功能方面和服务功能方面均能为社会创造良好的效益，以下从三方面进行定性描述：

① 该项目建设可以满足由于地区经济发展带给运输的新要求。

② 该项目建设可以促进社会安宁及西固区文化教育、工业、科研事业的发展。

③ 该项目建设可增加新的就业机会。

从以上分析可以看出，该项目建设的社会效益非常显著，项目可行。

# 第 7 章　结论与展望

本书着重从平均年费用分析着手，采用动态的成本年值分析方法，建立起了对平均年费用的分析模式，从而对在役桥梁进行加固设计，并以兰州市西沙黄河大桥为例对桥梁加固的成本及效益进行了评价。现将主要研究成果总结如下：

① 建立在役桥梁加固、重建的经济分析模型，为在役桥梁的优化改造设计提供了理论依据。在可行的在役桥梁技术改造方案的基础上，通过经济分析比较，选择最经济有利的方案，保证以最小的资源耗费满足预定的目标要求。

② 在考察投资项目的经济效果时，需要使用各种参数，如工程的最初投资、年度营运费用等，这些参数是进行经济分析和评价的基本数据，它们带有某种不确定性。因此，对影响经济效果的各种参数的变化做出估计和预测，从而判断经济参数变化时经济效果的敏感程度，并说明了敏感性分析的方法。

③ 以兰州市西沙黄河大桥为例，进行了在役桥梁维修加固的经济评价。从运输效益方面来看，本项目国民经济评价投资内部收益率是 23.03%，大于 12%的社会折现率；经济净现值为 1 717.85 万元，>0；静态投资回收期及动态投资回收期接近行业基准投资回收期；效益费用比为 2.12，>1，说明该项目可行。从项目建设所创造的社会服务功能效益方面来看，该项目社会效益显著，项目可行。

总体来说，该项目建设从各方面来看，国民经济评价效益均较好，项目可行。建议资金及时到位，早日建成并投入使用。

# 参考文献

[1] 刘小虎.桥梁加固方案选择及资金分配策略[D].大连:大连理工大学,2005.
[2] 杨梦蛟.钢筋混凝土桥梁的耐久性[J].铁道建筑,1994,34(9):5-7.
[3] 洪定海.混凝土中钢筋的腐蚀与保护[M].北京:中国铁道出版社,1998.
[4] 陈雅琴.桥梁管理系统研究[D].西安:长安大学,2000.
[5] 卢尧.旧桥加固的经济评价研究[D].武汉:武汉理工大学,2006.
[6] 卫红蕊.在役桥梁改造的技术经济分析及寿命预测[D].西安:长安大学,2003.
[7] 武同乐.桥梁加固后评价方法研究[D].西安:长安大学,2004.
[8] 张新占.桥梁管理系统研究[D].西安:长安大学,2004.
[9] 刘晓君.工程经济学[M].北京:中国建筑工业出版社,2009.
[10] 全国造价工程师执业资格考试培训教材编审组.工程造价管理基础理论与相关法规:2009年版[M].北京:中国计划出版社,2003.
[11] 黄渝祥,邢爱芳.工程经济学[M].上海:同济大学出版社,1985.
[12] GRANT E L,IRESON W G,LEAVENWORTH R S.Principles of engineering economy[M].6th ed. New York:Ronald Press Co,1976.
[13] FABRYCKY W J,THUESEN G J.Economic decision analysis[M]. Upper Saddle Rive:Englewood Cliffs,N.JPrentice-Hall,1974.
[14] THUESEN H G,FABRYCKY W J,THUESEN G J.Engineering economy [M].4th ed.Taipei:Mei Ta Publications,1972.
[15] 谭兴丰.桥梁加固经济性评价研究:以石拱桥为例[D].重庆:重庆交通

大学,2008.
[16] 白洪涛,王福敏.桥梁改造工程寿命周期成本模型的建立与分析[J].重庆交通大学学报(自然科学版),2008,27(2):208-212.
[17] 奥森布勒根.土木工程系统分析[M].陈庚,译.北京:人民交通出版社,1990.
[18] 马亚楠.基于动态可靠度的在役砼简支梁桥的寿命预测与维修加固全寿命设计[D].镇江:江苏大学,2007.
[19] 范立础.桥梁工程[M].2 版.北京:人民交通出版社,1987.
[20] 蔡成祥.公路工程经济分析[M].北京:人民交通出版社,1995.
[21] 陈万春.桥梁加固后的经济使用寿命评估[J].交通标准化,2006,34(5):83-85.
[22] 万臻,李乔,毛学明.基于可靠度的桥梁结构剩余使用寿命预测方法[J].公路交通科技,2006,23(9):51-53.
[23] 邓志勇.桥梁结构评估与剩余寿命预测[D].武汉:武汉理工大学,2005.
[24] 董士波.全生命周期工程造价管理研究[D].哈尔滨:哈尔滨工程大学,2003.
[25] National Institute of Standards and Technology (NIST)[J/OL].(2017-12-20). https://www.nist.gov/system/files/documents/2017/12/20/formatted_nist_open_government_plan_2016_final.pdf.
[26] 叶文亚,李国平,范立础.桥梁全寿命成本初步分析[J].公路,2006,51(6):101-104.
[27] 肖秋生,任福田,叶彬.公路建设项目国民经济评价方法的研究[J].中国公路学报,1995,8(增刊 1):131-136.
[28] 交通部公路规划设计院.公路建设项目可行性研究指南[M].长春:吉林科学技术出版社,1991.
[29] 宋金华,魏连雨.新(改)建高速公路的交通流量构成及增长分析[J].内蒙古公路与运输,1999(1):27-29.
[30] YANEV B,陈晓明,阴存欣.纽约市桥梁生命周期性能的评估[J].特种结构,2001,18(3):72-77.
[31] 张建仁.结构可靠度理论及其在桥梁工程中的应用[M].北京:人民交通

出版社,2003.

[32] 孙晓燕,黄承逵,赵国藩,等.基于动态可靠度和经济优化相结合的服役桥梁维修加固风险决策[J].工程力学,2004,21(5):5-10.

[33] 李桂青,李秋胜.工程结构时变可靠度理论及其应用[M].北京:科学出版社,2001.

[34] VAN NOORTWIJK J M, KLATTER H E. Coiabmas the use of lifetime distributions in bridge replacement modelling [J]. Computers and structures, 2002(1):14-17.

[35] 张丹.既有桥梁全寿命期内加固方案的经济性研究[D].武汉:武汉理工大学,2007.

[36] 武同乐,徐岳.桥梁加固经济性评价[J].公路交通科技,2006,23(增刊1):104-108.

[37] 全国一级建造师执业资格考试用书编写委员会.建设工程经济[M].北京:中国建筑工业出版社,2024.